MÚSICA 5

Alfonso Cifuentes
Teresa Aguado
Eva F. Gancedo
Rafael Rivas

PRIMARIA

ANAYA

APRENDER ES CRECER

APRENDER ES CRECER es un proyecto educativo de Anaya Educación para el quinto curso de Educación Primaria.

En la realización de este libro han intervenido:

Edición:
Cristina Fernández

Maquetación:
Elena Cofiño

Diseño de cubierta e interiores:
Miguel Ángel Pacheco y Javier Serrano

Corrección:
Miguel Ángel Alonso

Tratamiento infográfico del diseño:
Patricia Gómez y Marta Gómez

Edición gráfica:
José M.ª Marcelino

Ilustraciones:
Dh_Creación
(Carlos Díaz)

Fotografías:
Archivo Anaya (Candel, C.; Cosano, P.; Martin, Jh.) Age, Efe, Getty Images, Latin Stock/ Alamy, Prisma, 123 RF.

Las normas ortográficas seguidas son las establecidas por la Real Academia Española en la *Ortografía de la lengua española,* publicada en el año 2010.

ISBN: 978-84-678-3374-4 - Depósito Legal: M-3746-2014 - Printed in Spain.

ET018063/1E5I - 8400042

Índice

El oído	Lenguaje musical	Música, cultura y sociedad
• Audición: «Vals 2», *Jazz Suite n.° 2*, de Shostakovich. • Cualidades del sonido. • Audición de fragmentos musicales para percibir tipos de compases.	• La canción con estribillo. • Sonido y silencio. • Tipos de compases. • Duración de las figuras musicales. • La forma musical: Repetición, variación y contraste. • Grafías no convencionales.	• Relato mitológico: Las musas. • Música de otras culturas: *Quién es aquel pajarillo* (Bolivia y Argentina).
• Audición: «Coro de esclavos hebreos», *Nabucco* (Verdi). • La ópera: elementos que la integran y tipos de voces. • Cualidades del sonido: el timbre.	• Los intervalos: definición y tipos. • El bordón. Bordones de RE dórico.	• La ópera. • Giuseppe Verdi. • Música de otras culturas: *¡Qué extenso es el mar!* (Inglaterra).
• Audición: «2.° mov.», *Novena sinfonía*, de Beethoven. • Cualidades del sonido: la intensidad y sus matices. • Timbres instrumentales de la orquesta sinfónica. • Audición: *Capricho español*, de Rimski Kórsakov. • Dictado rítmico.	• Cualidades del sonido: la intensidad y sus matices. • Signos de prolongación: ligadura y puntillo. • Grafías no convencionales: matices y reguladores de intensidad.	• La orquesta sinfónica. • Música y pintura: Kandinsky • Músicas de otras culturas: *Telas indias* (Líbano).
• Fragmentos musicales relacionados con la danza. • Fragmentos musicales relacionados con la escultura. • Discriminación de sonidos de instrumentos de percusión: altura definida e indefinida. • Dictado rítmico.	• Pulso. • Ritmo. • Percepción de tipos de compases. • Grafías convencionales: figuras y silencios.	• Danza y sus estilos. • Música y escultura: Miguel Ángel Buonarroti. • Músicas de otras culturas: *Dejo el viejo Texas* (Estados Unidos).
• Audición de fragmentos de obras musicales para identificar compases. • Identificación auditiva de diferentes esquemas rítmicos.	• La entonación como recurso expresivo. • Los grupos fónicos. • El compás y las líneas divisorias. • El ritmo prosódico o ritmo del lenguaje.	• Los romances: *El conde Flores*. • Los cantautores. • Música de otras culturas: *Mi enebro, Kalinka*, (Rusia).
• Audición: *Annen Polka*, de Strauss. • Identificación auditiva de diferentes formas musicales: bipartita, rondó, ostinato.	• La forma musical: bipartita, rondó, ostinato. • Escritura rítmica y melódica de una obra musical.	• Profesiones musicales. • Relato: Las murallas y la música. • Música de otras culturas: *My bonnie lies over the ocean* (Escocia).

1 El arte de la música

La música es un arte que entra por el oído y va al corazón. El contacto con las demás artes a través de la historia ha favorecido el que sea aún más especial.

1 Escucha, aprende y canta **Voy cantando.** Crea un acompañamiento con percusión o una coreografía.

Voy cantando al cole
y vuelvo cantando,
así la mochila
no me pesa tanto.

Subo y bajo cuestas,
hoy me está gustando,
pues una canción
me estoy inventando.

Voy cantando al cole
y vuelvo cantando,
así la mochila
no me pesa tanto.

Pero ¡qué sorpresa!
Oigo que algo pasa:
hoy en la ciudad
todos, todos cantan.

Estribillo

La **canción** es una de las formas musicales más antiguas. El canto está presente en todas las culturas del presente y del pasado.

La **canción con estribillo** tiene forma bipartita. Se compone de dos partes, A y B, que se van alternando: la **estrofa** (que varía) y el **estribillo** (que permanece constante).

2 Escribe el título de dos canciones que conozcas con forma bipartita, en las que se alternen estrofas y estribillo.

____

____

La música es el arte de combinar el **sonido** y el **silencio** de una forma creativa.

3 Lee y aprende cómo se produce el sonido. Coméntalo en clase.

La naturaleza siempre nos ofrece sonidos. Por ello, se considera que el silencio absoluto no existe.

Todo aquello que nos rodea vibra al moverse o al entrar en contacto con otros cuerpos.

La vibración produce un sonido que se transmite mediante ondas a través del aire, del agua o de otro medio.

El oído percibe esas ondas, identifica sus cualidades y crea una sensación auditiva en nuestro cerebro.

Todos los sonidos que percibimos tienen cuatro cualidades: altura, duración, intensidad y timbre.

El silencio surge de la ausencia de sonido. En la música, tan necesario es el uno como el otro.

4 Relaciona y une.

¿Cuál es la cualidad del sonido que nos indica…

… si un sonido es agudo o grave?	… si un sonido es largo o corto?	… si un sonido es fuerte o suave?	… de qué cuerpo procede el sonido?
La duración	El timbre	La altura	La intensidad

5 Escucha y numera en el orden en que suenan.

4

flauta travesera viento

3

violonchelo cuerda

2

viola cuerda

1

grave corto cosa percusion fuerte

Los pulsos se agrupan formando un **compás.**

El compás puede ser **binario** (grupo de 2 pulsos), **ternario** (grupo de 3 pulsos) o **cuaternario** (grupo de 4 pulsos).

El primer pulso de cada compás es el que lleva el **acento.** El signo > indica en la partitura qué pulso tiene el acento.

6 Lee y completa libremente. Escucha e interpreta los ritmos siguiendo el pulso de la música.

- El compás **binario** 2/♩ o 2/4 se acentúa cada **dos** pulsos.

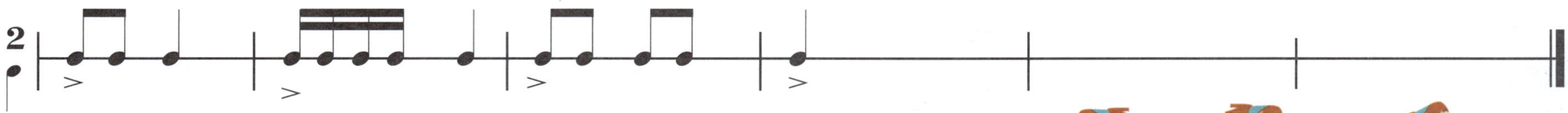

- El compás **ternario** 3/♩ o 3/4 se acentúa cada **tres** pulsos.

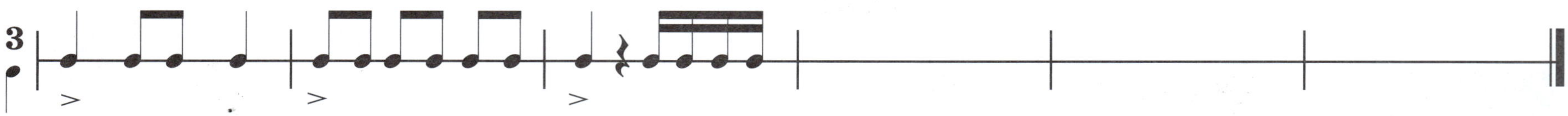

- El compás **cuaternario** 4/♩ o 4/4 se acentúa cada **cuatro** pulsos.

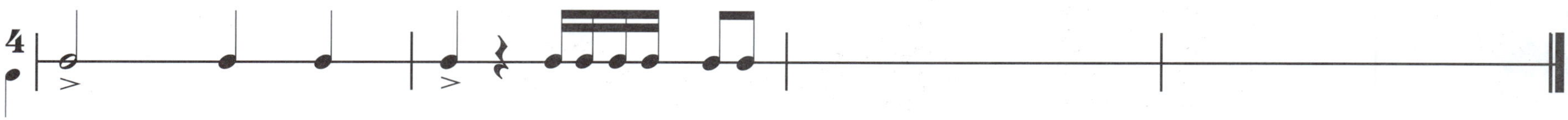

La duración de un sonido se representa escrito con **figuras** y con **silencios.** Cada figura tiene un silencio equivalente de la misma duración. La figura **negra,** que se toma como referencia, dura **un pulso.**

7 Observa y recuerda la duración de las figuras en compás cuaternario.

Redonda
4 pulsos

Blanca
2 pulsos

Negra
1 pulso

Corchea
1/2 pulso

Semicorchea
1/4 pulso

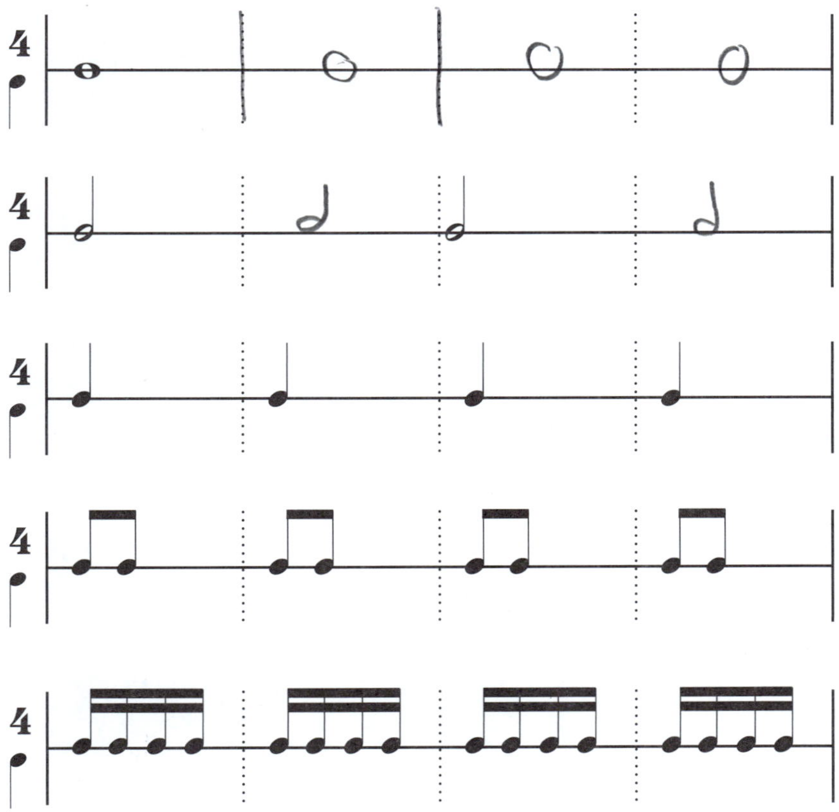

8 Lee y completa:

- La redonda dura cuatro pulsos; dura lo mismo que dos blancas, cuatro negras, ocho corcheas y diciseis semicorcheas.
- La figura que dura lo mismo que ~~ocho~~ 16 semicorcheas es la redonda.

9 Lee el relato mitológico de **Las musas** y responde a las cuestiones.

Zeus, dios del Olimpo, y Mnemósine, diosa de la memoria, tuvieron nueve hijas, conocidas como las musas.

Las nueve musas eran mujeres jóvenes y alegres. Vivían felices, rodeadas de bosques y prados llenos de flores. Todos admiraban tanto el lugar donde vivían como sus ocupaciones: inspirar y proteger las artes y la cultura. De hecho, el término *música* procede de las musas, y Euterpe era su protectora.

Las piérides, hijas del rey Piero, eran también nueve hermanas. Eran orgullosas y envidiosas. Un día, las piérides desafiaron a las musas diciéndoles: «¡Competid con nosotras! No nos venceréis ni en el canto ni en el arte».

Las musas aceptaron el desafío. Comenzaron las piérides con un exagerado canto a favor de Zeus. Tanto desafinaron que quienes escuchaban se taparon los oídos.

Las musas eligieron a Calíope, inspiradora de la poesía heroica, para que llevara la voz cantante. Ella entonó una bella historia sobre los dioses.

El jurado otorgó el triunfo a Calíope y sus hermanas. Las piérides se enfadaron tanto que insultaron y comenzaron a agredir a sus rivales. Al ver esto, Calíope dijo: «Os impondremos una pena, y llegaremos hasta donde nos lleve la ira».

Las piérides se rieron y despreciaron las amenazas. Pero cuando intentaron hablar, el sonido que emitían era un graznido; al mover sus manos, vieron que de sus uñas nacían plumas y que las plumas recubrían sus brazos. Cada una vio endurecerse en un rígido pico los rostros de sus hermanas. Al final, convertidas en urracas, se escondieron en el bosque.

Hoy día conservan el mismo atrevimiento, y sus gritos enronquecidos y persistentes resultan tan desagradables e inoportunos como entonces.

- ¿Qué ocupación especial tenían las musas?
  Inspirar y proteger las artes y la cultura
- ¿De qué término procede la palabra *música*?
  De las Musas
- ¿Qué hermana representó a las musas?
  Caliope
- ¿Quién venció en el desafío de las piérides?
  Calíope
- ¿En qué se convirtieron las piérides?
  en Urracas

10 Escucha, aprende y acompaña como se indica.

Forma
A A B A × 3

Musa de los vientos

A

B

11 Copia la parte A de la **Musa de los vientos** y escribe los nombres de las notas.

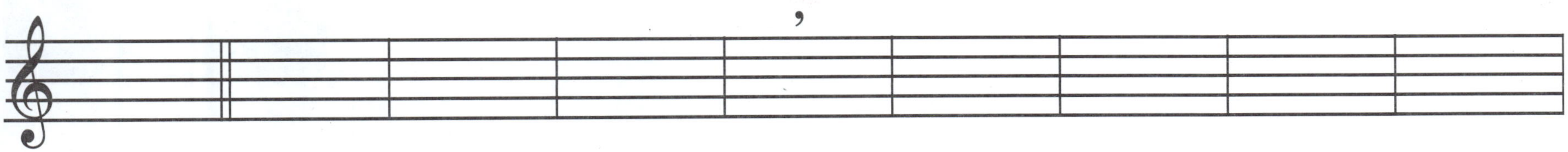

Cuando escuchamos música con atención, podemos percibir la sucesión de las diferentes partes que dan **forma** a la obra.

Los recursos más habituales que emplean los compositores para dar forma a la obra son:

- **Repetición:** repetir de forma exacta una parte; por ejemplo: **A A A.**
- **Variación:** repetir de forma variada una parte; por ejemplo: **A A' A".**
- **Contraste:** introducir una parte totalmente diferente; por ejemplo: **A B C.**

12 Escucha e identifica las diferentes partes que dan forma a esta obra. Escribe qué recursos se han empleado en cada parte.

Intro		
A	Saxofón	A: tema principal
A'	Cuerda y saxo 2.ª voz	A': ____________
B	Redoble y orquesta	B: ____________
C	Cuerda y saxo	C: ____________
C'	Instr. de viento y cuerda al fondo	C': ____________
A''	Trombón	A": ____________
A'''	Toda la orquesta	A"': ____________

Shostakóvich

«Vals 2», *Jazz Suite n.º 2*, de Shostakóvich.

El **mixer** es un tipo de danza que consiste en cambiar de pareja cada vez que la música se repite.

13 **Escucha, baila y acompaña el mixer El ocho.**

A Baile libre con la pareja (16 pulsos). Los demás acompañan con palmas.

B Giro enlazando el brazo derecho (8 pulsos); después, lo mismo con el brazo izquierdo.

A

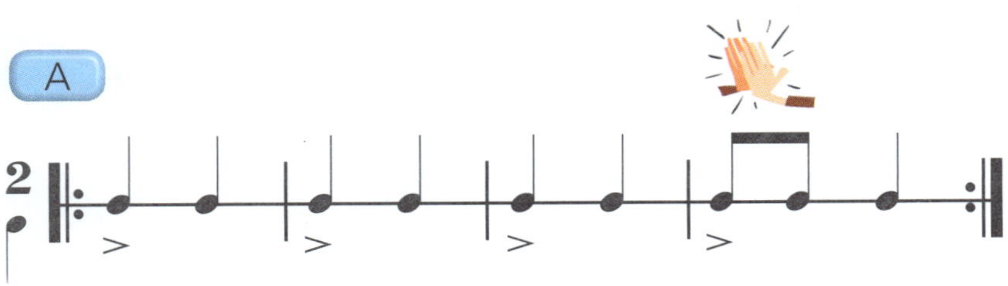

B

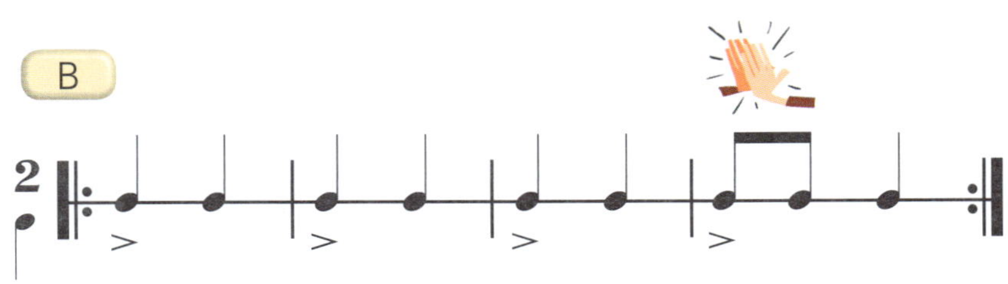

TAREA: Música viajera

14 La cordillera de los Andes recorre de norte a sur el oeste de Sudamérica, ocupando el territorio de varios países. Con esta tarea vas a descubrir que estas regiones tienen canciones comunes. Escucha, aprende y canta **¿Quién es aquel pajarillo?** (Bolivia y Argentina).

¿Quién es aquel pajarillo
que canta sobre el limón?
Anda y dile que no cante,
que me roba el corazón (bis).

Si me quieres conocer,
pásate por el jardín.
Allí está mi nombre escrito
en la hoja de un jazmín (bis).

De lejos te estoy queriendo,
de cerca con más razón.
Y el rato que no te veo
se me parte el corazón (bis).

Repaso de la unidad

15 Lee y completa.

- La canción con estribillo tiene forma ________________; es decir, se compone de dos partes: ________________ y ________________.
- Todo ____________ tiene cuatro cualidades que son: ____________, ____________, ____________ y ____________.
- Los pulsos se agrupan formando ____________. Pueden ser grupos de dos pulsos, llamado ____________; de tres pulsos, llamado ____________, y de cuatro pulsos, llamado ________________.
- El primer pulso de cada compás es el que lleva el ________________.
- La figura ________________ completa un compás cuaternario.

16 Crea y escribe un ritmo con figuras y silencios. Interprétalo con percusión.

17 Observa y escribe qué cualidad del sonido representa cada grupo de signos no convencionales. Interpreta con la voz.

________________ ________________ ________________ ________________

2 La música, a escena

Desde la Antigüedad, la música ha contribuido a crear en las artes escénicas una atmósfera fascinante con la que alcanzan mayor relieve y esplendor.

La **ópera** es una obra escénica musical que surge de la unión de la música, de la literatura y del teatro.

En la representación de la ópera se utilizan elementos típicos del teatro, tales como la escenografía o los vestuarios.

Sin embargo, la letra de la ópera se canta, en lugar de ser hablada.

1 Imagina que estás en una ópera con el libreto de mano. Escucha y canta **Va pensiero** junto al *Coro de esclavos hebreos*. Después, localiza la información y completa las fichas.

Coro Filarmónico Eslovaco.
Orquesta Sinfónica de la Radio Eslovaca.
Director: Oliver Dohnanyi.

Va', pensiero, sull'ali dorate.
Va', ti posa sui clivi, sui colli,
ove olezzano tepide e molli
l'aure dolci del suolo natal!

Del Giordano le rive saluta,
di Sionne le torri atterrate.
O mia Patria, sì bella e perduta!
O membranza sì cara e fatal!

Arpa d'or dei fatidici vati,
perché muta dal salice pendi?
Le memorie nel petto raccendi,
ci favella del tempo che fu!

O simile di Sòlima ai fati,
traggi un suono di crudo lamento;
o t'ispiri il Signore un concento
che ne infonda al patire virtù (×3)
al partire virtù!

Giuseppe Verdi

Acto III: Coro «Va pensiero», ópera *Nabucco*, de Giuseppe Verdi.

La ópera	
Título:	(Papensioco)
Acto:	III
Compositor:	Giuseppe verdi

La interpretación	
Coro:	opera pensieo
Orquesta:	Sinfonica de la radio
Director:	Olivez Dohnanyi

La combinación de varios **timbres de voz** conforma un mosaico sonoro multicolor que embellece la ópera. En la ópera, cada voz está relacionada con un personaje de la obra.

2 Lee, relaciona y aprende. Escucha y numera en el orden en que suenan.

1 **Soprano:**
Es la heroína y suele ser la protagonista.

3 **Tenor:**
Es el galán, el héroe, el valiente y, generalmente, el protagonista.

- Voz aguda femenina.
- Voz aguda masculina.
- Voces medias y graves femeninas.
- Voces medias y graves masculinas.

2 **Mezzosoprano y contralto:**
Interpretan papeles secundarios: criada, madre, rival de la protagonista.

4 **Barítono y bajo:**
Interpretan papeles secundarios: amigos o viles enemigos del protagonista.

5 **Coro:**
Transeúntes, invitados, esclavos, soldados… Están agrupados en el escenario.

- Conjunto de personas que cantan simultáneamente una pieza concertada.
- Dirige la orquesta de músicos que acompaña la ópera.

6 **El director y los músicos:**
Se sitúan en el foso, espacio reservado para la orquesta delante del escenario.

3 Aprende **Los tres alpinos.** Relaciona cada personaje con un timbre de voz e interpreta con los demás en forma de ópera. Acompaña con percusión.

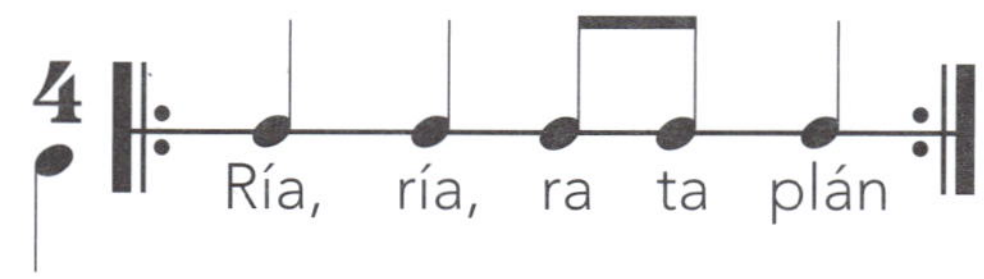

4 Lee y aprende detalles sobre la biografía del compositor **Giuseppe Verdi.** Completa la ficha.

Giuseppe Verdi nació en Parma (Italia) en 1813, en el seno de una familia humilde. Falleció en Milán, en 1901, a los 88 años.

Desde niño, mostró grandes aptitudes para la música. A los 25 años marchó a Milán, donde desarrolló una larga carrera musical.

Compuso numerosas óperas, entre las que destacan: *Nabucco, Rigoletto, Il Trovatore, La Traviata, Aida* y *Otello.*

En uno de los momentos más tristes de su vida, cuando su esposa y sus dos hijos acababan de morir, decidió dejar de componer.

Pero la ópera *Nabucco* fue un inesperado y rotundo éxito, lo que le animó a seguir con su actividad creadora. Esta ópera refleja el sufrimiento del pueblo hebreo dominado por sus enemigos de Babilonia.

Los italianos se identificaban con los esclavos de *Nabucco,* pues, al igual que ellos, vivían en una patria dividida y oprimida. «Va pensiero» fue tan popular que se llegó a cantar como un himno nacional.

Las óperas de Verdi siguen representándose en los mejores teatros y despertando una gran admiración por su fuerza expresiva y la popularidad de su música.

	Compositor
Nombre:	Giuseppe Verdi
Nació en:	Parma (italia) 1813
Falleció en:	Milan 1901
Óperas:	Nabuco, Riggoleto, Il trovatole La traviata, Aida, otello

5 Aprende en la flauta la posición de **la nota RE.** Escucha e interpreta.

Nieve en mi ventana

A1

A2

RE

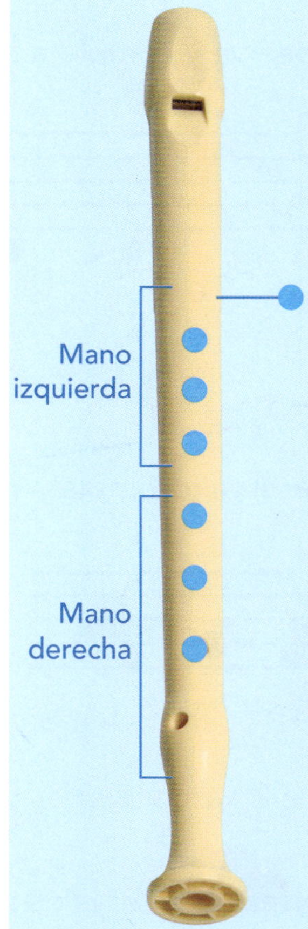

El **intervalo** es la distancia que hay entre dos notas musicales.

La **distancia** se mide contando el número de notas que hay entre la primera y la segunda nota que forman el intervalo, ambas incluidas.

El intervalo es ascendente si la segunda nota es más aguda que la primera. Es descendente cuando la segunda nota es más grave.

6 Observa y completa nombrando los intervalos ascendentes.

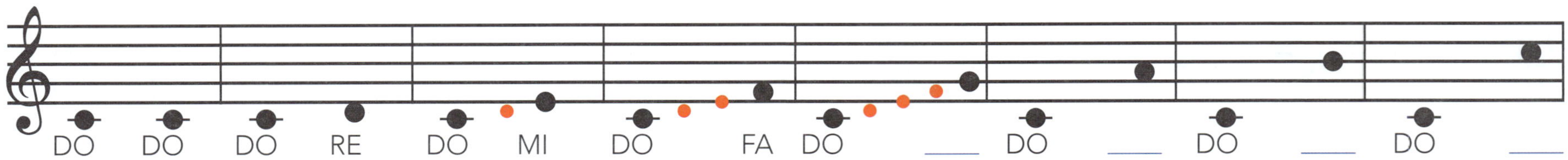

Unísono | de 2.ª | de 3.ª | de 4.ª | ____ | ____ | ____ | ____

7 Observa y completa nombrando los intervalos correspondientes.

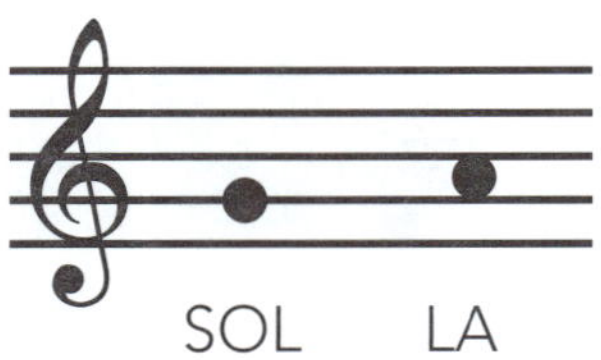

De 2.ª ascendente

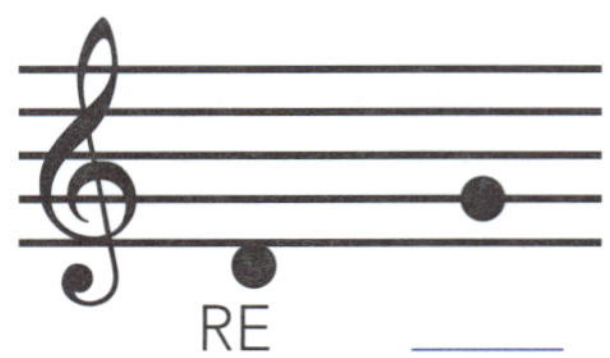

____

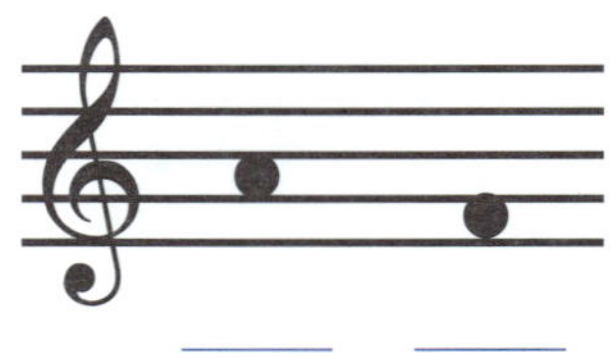

____

8 Forma los intervalos que se indican.

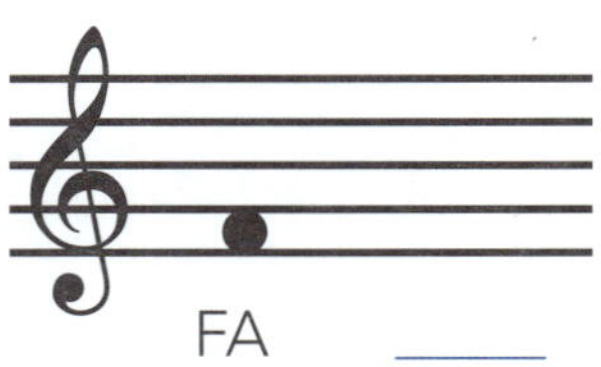

De 3.ª ascendente

De 4.ª descendente

De 5.ª ascendente

Las melodías se embellecen cuando llevan acompañamiento instrumental.

El **acompañamiento** más sencillo es el intervalo de 5.ª, que llamamos **bordón.**

Un bordón se forma con la **1.ª** y la **5.ª nota de una escala.** Así, el bordón de RE se forma con las notas RE (I) y LA (V).

9 Aprende y practica las diferentes formas de bordón para acompañar con láminas.

A1 Bordón simultáneo

A2 Bordón alternado

A3 Bordón de salto

A4 Bordón de cruce

10 Escucha la melodía **De arte en arte.** Acompaña la parte A con los bordones anteriores, y las partes B, C y D, con pequeña percusión.

B

C

D

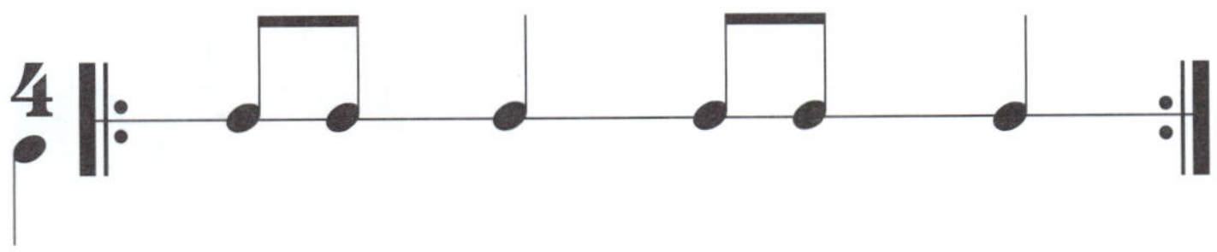

11 Aprende y practica los bordones siguientes. Escribe los nombres de las formas de bordón.

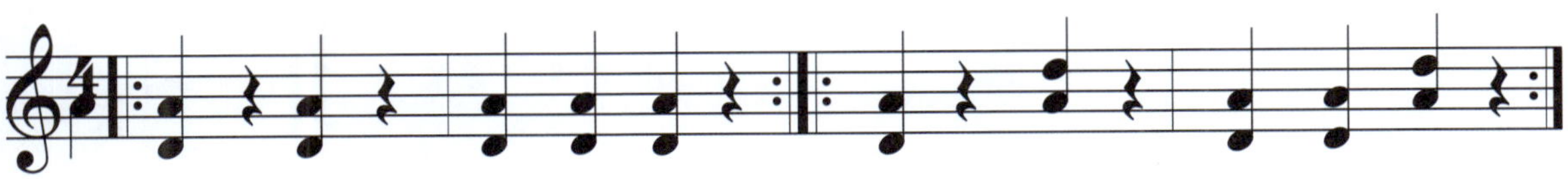

______________________ ______________________

______________________ ______________________

12 Escucha, aprende y canta el villancico **Toquen los instrumentos.**

Estrofa 1

Venid acá, pastorcillos,
cantad con gran alborozo,
que ha nacido el Redentor,
Hijo del Dios poderoso.

Estribillo

Toquen, toquen los instrumentos
porque ha nacido el Niño Dios.
Toquen, toquen, que van tocando
que ha nacido el Redentor.

Estrofa 2

Los pastores con zambombas,
y otros muchos instrumentos,
fueron los que acompañaron
la noche del nacimiento.

Estribillo

Los pastores van corriendo,
los pastores van que vuelan,
al nacimiento del Niño
tocando las castañuelas.

Estribillo

13 Escucha y elige tres instrumentos que suenen en el villancico. Escribe sus nombres y dibújalos.

14 Escucha y acompaña el villancico como se indica.

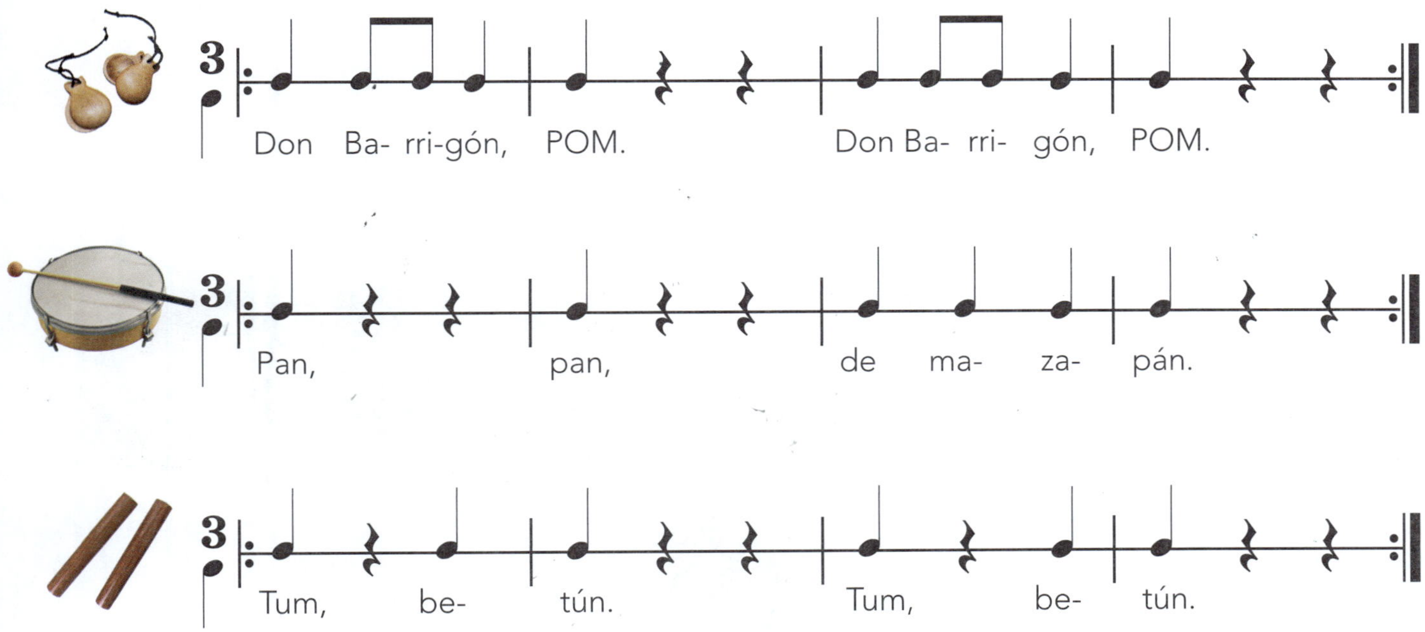

15 Observa y construye tu *rascanuez* para acompañar el villancico.

Prepara

Construye

Pega las nueces en la tablilla como muestra la imagen. Después, decora el instrumento a tu gusto.

Ensaya

Sujeta el instrumento con una mano, y con la otra rasca con el palillo sobre las nueces.

TAREA: De boca en boca

16 Algunas canciones tradicionales, con el paso del tiempo, han sido convertidas en himnos que todos conocen. Descúbrelo con esta tarea. Escucha, aprende y canta **¡Qué extenso es el mar!** (Inglaterra).

¡Qué extenso es el mar!
No lo puedo cruzar,
por no tener alas para volar.
Constrúyeme un barco para dos,
y remaremos mi amor y yo.

Existe un barco, en el océano navega
y viaja lleno, lleno de verdad;
pero no superará el amor que hay en mí;
no sé si floto o me sumerjo en el mar.

Cuando sea la caracola un plateado cascabel,
ese día mi amor yo sé que volverá.
Y si la rosa en invierno nos muestra su color,
en ese momento mi amor regresará.

Constrúyeme un barco para dos,
y remaremos, mi amor y yo. (bis)

REPASO DE LA UNIDAD

17 Completa los intervalos ascendentes que se indican a partir de la nota RE. Escribe otro.

RE ____ | ____ ____ | ____ ____ | ____ ____

Intervalo de 4.ª | Intervalo de 5.ª | Intervalo de 8.ª | ______________

18 Escribe los ejemplos de bordones que se indican.

Simultáneo

De salto

De cruce

Alternado

19 Relaciona y une cada timbre de voz con un personaje de **Los tres alpinos.**

soprano | tenor | coro | bajo | contralto

narradores | princesa | alpino | criada | rey

3 Sonidos de colores

La música es como un cuadro pictórico en el que los sonidos, con su variedad de matices y de formas, crean un universo de color que emociona.

1 Escucha, aprende y canta **¡Alerta en el museo!** Rodea los nombres de los compositores.

Algo misterioso
ha ocurrido:
el cuadro de los músicos
ha desaparecido.

En él estaban Mozart,
y Beethoven.
Aparecía Haendel,
y también, Bach.

Di, pirata:
¿has visto el cuadro?
Di, pirata:
¿dónde estará? (bis)

Algo misterioso
está pasando:
el cuadro de los músicos
están buscando.

En él estaban Mozart,
y Beethoven.
Aparecía Haendel,
y también, Bach.

Estribillo

2 Busca información sobre los compositores anteriores y escribe los títulos de sus obras más conocidas.

La **intensidad** de un sonido puede ser **suave** o **fuerte.** Los compositores utilizan los **contrastes** de intensidad para atraer la atención del público y reforzar la expresividad del texto y de la música.

Entre el contraste de los dos extremos, suave-fuerte, hay diferentes **matices** de intensidad.

Matices de intensidad
Pianissimo (***pp***): sonido muy suave.
Piano (***p***): sonido suave.
Mezzo forte (***mf***): sonido medio.
Forte (***f***): sonido fuerte.
Fortissimo (***ff***): sonido muy fuerte.

3 Observa y completa con los matices de intensidad. Escucha y mueve los brazos como si fueras el director o la directora de la orquesta.

Pianissimo ***pp***

____

____

____

Beethoven

«2.° movimiento», *Novena sinfonía*, de Beethoven.

Para aumentar o disminuir progresivamente la intensidad de los sonidos, se emplean los **reguladores:**

- Crescendo (creciente): indica que la intensidad crece.
- Diminuendo (decreciente): indica que la intensidad disminuye.

4 Observa el código e interpreta con matices y reguladores.

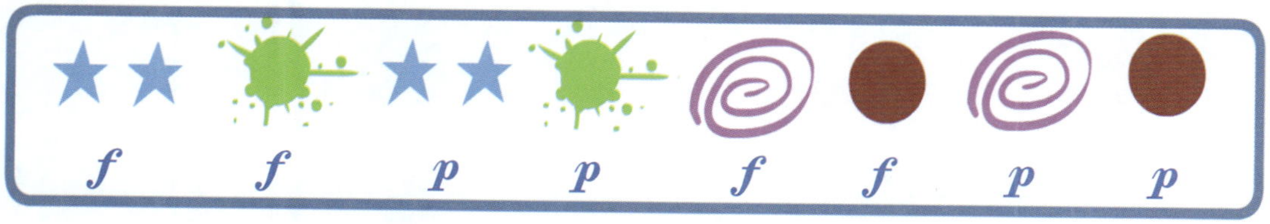

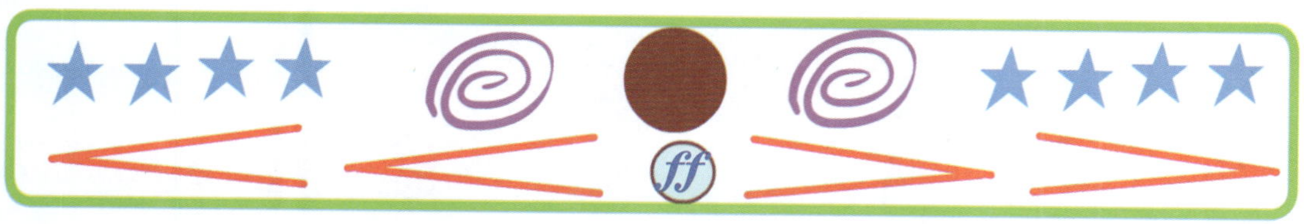

5 Crea otra partitura no convencional utilizando el mismo código. Interpreta.

LOS SIGNOS DE PROLONGACIÓN permiten que una nota **alargue su duración.**

La **ligadura** es un signo musical de prolongación que consiste en una línea curva, ‿ o ⁀ , que une **dos notas iguales;** es decir, del mismo nombre y altura.

Por ejemplo, una figura negra ligada a otra negra equivale en duración a una blanca:

calderon es un semicirculo con un punto en medio que alarga la figura o la nota que el interprete quiera

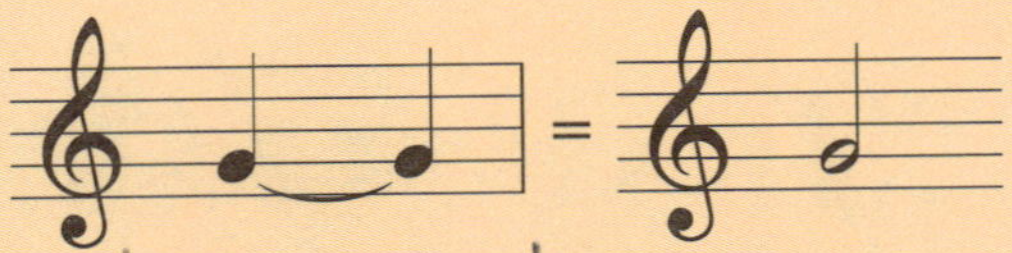

El **puntillo** (•) es un punto que se coloca a la derecha de una figura musical (o de un silencio); le **añade** a la correspondiente figura **la mitad** de su valor.

Observa:

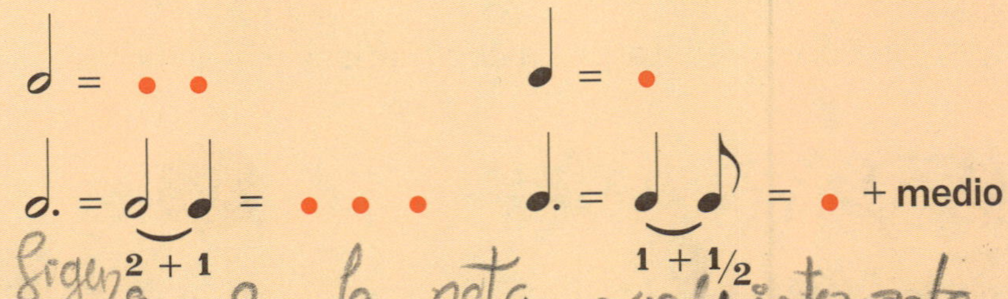

6 Escribe la ligadura donde corresponda y entona la melodía.

7 Calcula y escribe una figura equivalente en cada caso.

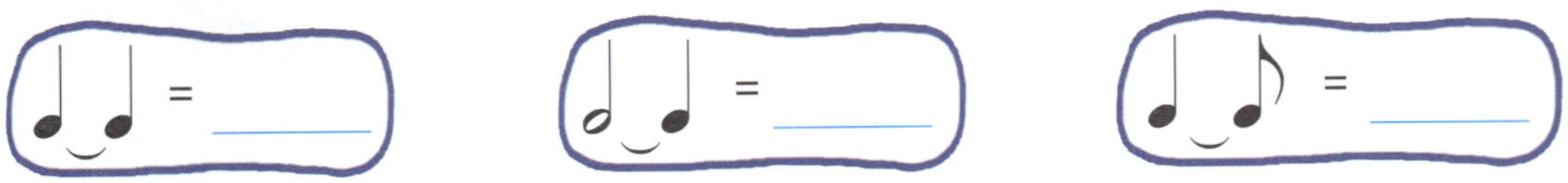

8 Imagina que el puntillo se pudiera utilizar en diferentes situaciones de la vida cotidiana. Calcula y responde:

- Carmen tiene 14 invitados a su fiesta de cumpleaños. ¿Cuántos invitados vendrían si añadiésemos un puntillo? ______
- Tengo dos monedas de 1 euro cada una. ¿Cuánto dinero tengo con ligadura entre las monedas? ______

9 Aprende en la flauta la posición de **la nota FA.** Escucha e interpreta.

Pinceladas nocturnas

A

B

Palmas

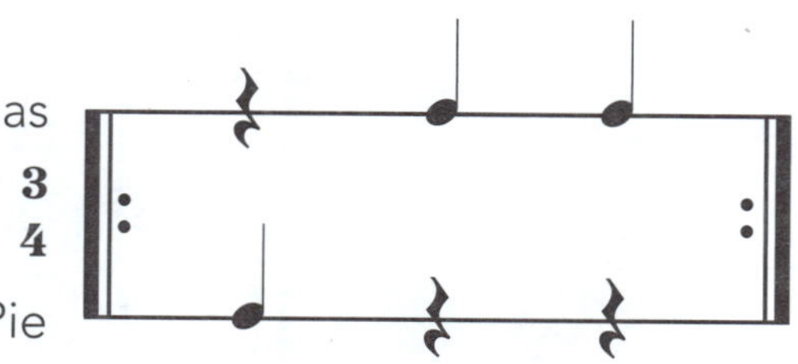

Pie

FA

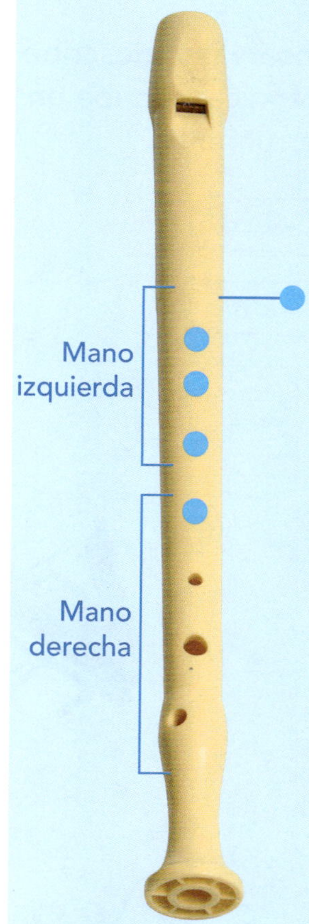

La **orquesta sinfónica** es una agrupación instrumental de gran tamaño. Está formada por instrumentos de las tres familias: cuerda, viento y percusión.

La disposición de los intrumentos es un semicírculo alrededor del director. El **director** de la orquesta maneja la variedad de timbres sonoros como un pintor maneja la variedad de colores de su paleta.

10 Observa y describe la disposición de los instrumentos en la orquesta sinfónica. Escribe en el círculo la inicial de la familia a la que pertenece cada instrumento.

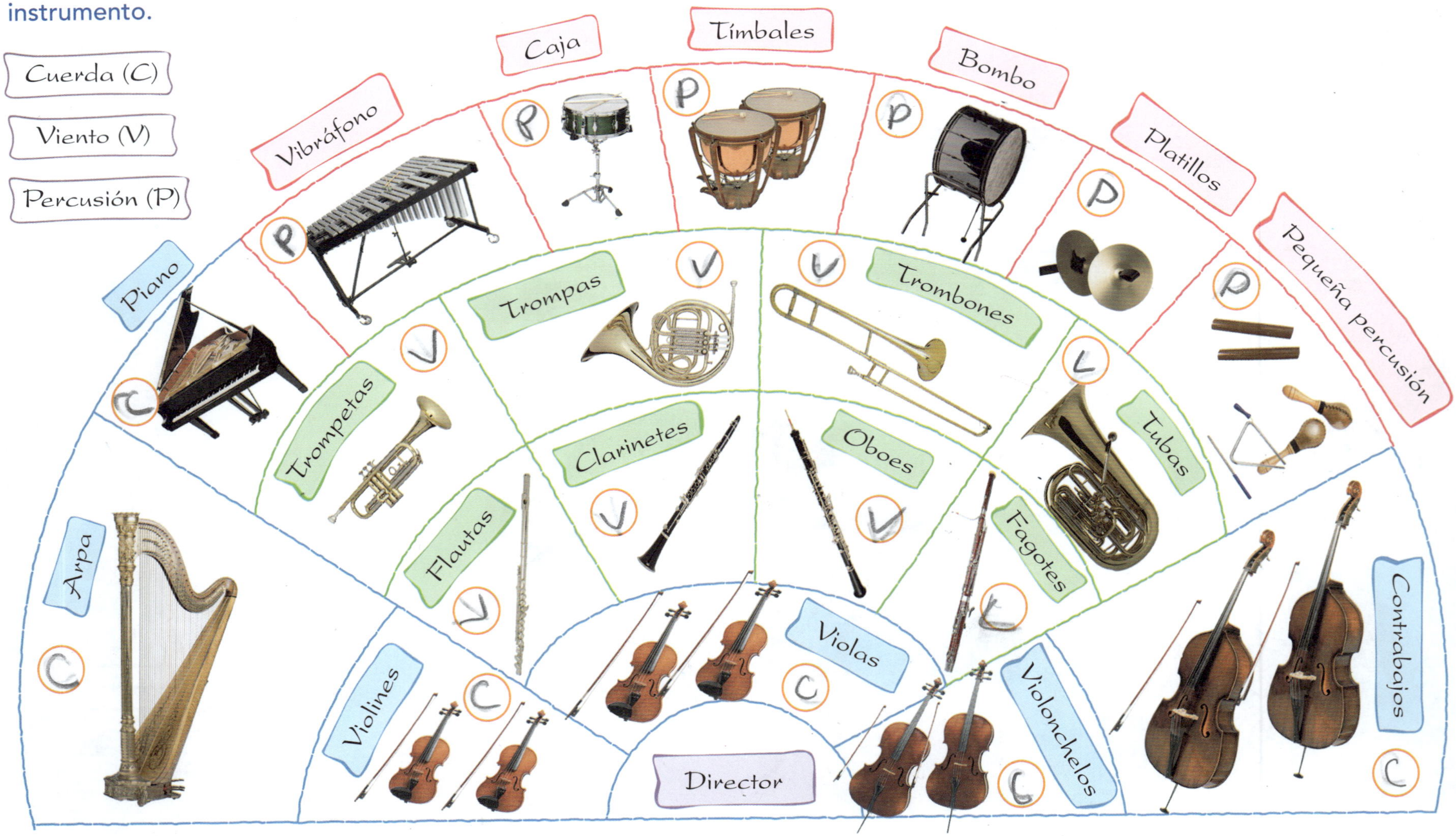

11 Escucha los fragmentos de la obra **Capricho español,** de Rimski Kórsakov.
Numera cada grupo de instrumentos según el orden en que suenan.

El pintor ruso **Kandinski** (1866-1944) fue uno de los grandes artistas que contribuyó a desarrollar la pintura abstracta. Para él, la pintura debe basarse en el lenguaje del color. Llegó a analizar cómo influyen cada tono y cada color en las emociones.

12 **Lee con atención la interesante relación entre la pintura y la música que establece el pintor Kandinski en su obra *De lo espiritual en el arte* (1911).**

Kandinski consideraba que el azul claro correspondería a una flauta; el oscuro, a un violoncello, y el más oscuro, a los tonos del contrabajo.

El verde absoluto es el color más tranquilo que existe: carece de matices, ya sean de alegría, tristeza o pasión; musicalmente se podría asociar el verde absoluto a los tonos tranquilos, alargados y graves del violín.

Del blanco solo nos llega un gran silencio. Por eso, el blanco actúa sobre el alma como un gran y absoluto silencio. Quizá sea el sonido de la tierra en los tiempos blancos de la era glacial.

Musicalmente, el negro sería una pausa completa y definitiva. El negro es apagado como una hoguera quemada; algo inmóvil, insensible e indiferente.

El amarillo medio da sensación de fuerza, energía, impulso, decisión, alegría, triunfo, etc. Musicalmente recuerda un sonar de trompetas acompañadas de tubas. Es un sonido insistente, irritante y fuerte.

El marrón puede compararse con el redoble del tambor. El violeta recuerda al sonido de la gaita y, cuando es profundo, a los tonos bajos de los instrumentos de madera (por ejemplo, al fagot).

Los tonos de los colores, al igual que los musicales, tienen matices que afectan al ánimo incluso más que la palabra.

No sin razón se suele calificar un cuadro como alegre, triste, serio, vivo, etc.; los mismos adjetivos utilizados comúnmente por los músicos (allegro, grave, vivace) para determinar la interpretación de una pieza.

Sucesión, de Kandinski.
Museo The Phillips Collection, Washington.

La **entonación** consiste en cantar un sonido de forma precisa, es decir, con su altura o tono adecuado.

Afinar es el proceso de ajustar el tono de un sonido hasta que coincida con una nota de referencia; cuando se consigue, podemos decir que «está afinado».

13 Observa las series y continúa. Entona con una vocal.

- Saltos de intervalo de 3.ª ascendente con preparación.

- Saltos de intervalo de 3.ª descendente con preparación.

14 Entona la melodía siguiente en forma de canon a cuatro entradas.

Buenos días

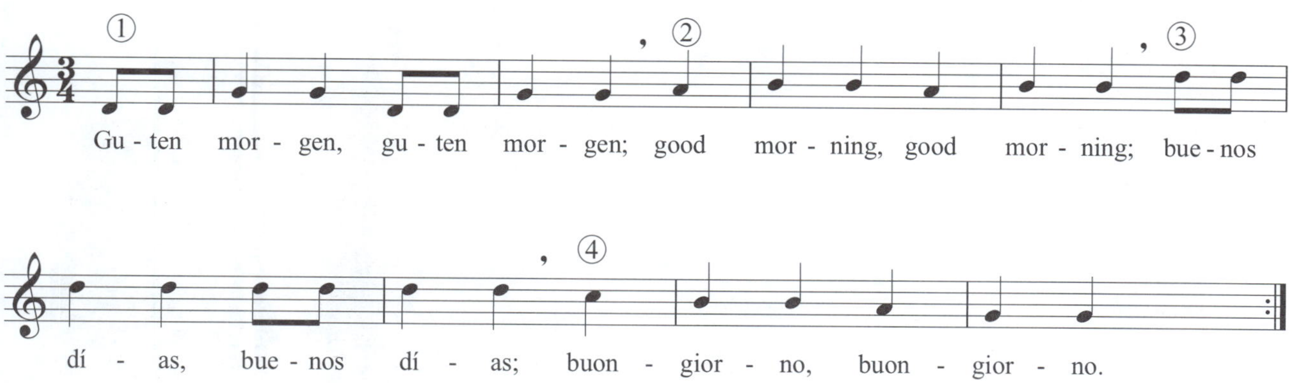

TAREA: La influencia de otros pueblos

15 La lengua árabe se habla en los países del norte de África y del oeste de Asia. En nuestra lengua hay gran variedad de palabras de origen árabe. Descúbrelo en esta tarea. Escucha, aprende y canta **Telas indias** (Líbano).

Repaso de la unidad

16 Escribe las abreviaturas de los matices de intensidad teniendo en cuenta los matices de color.

_______ _______ _______ _______ _______

17 Lee y escribe cada instrumento en su familia orquestal.

Flauta
Violín
Timbal
Oboe
Contrabajo
Tuba

Cuerda	Viento madera	Viento metal	Percusión
violín	oboe	tuba	timbal
contrabajo	fagot	trompeta	bombo
violonchelo	flauta	trompa	platillos

Fagot
Trompeta
Bombo
Violonchelo
Platillos
Trompa

18 Entona en grupo con los nombres de las notas y la afinación correcta.

19 **Dictado rítmico.** Escucha con atención el dictado y escríbelo.

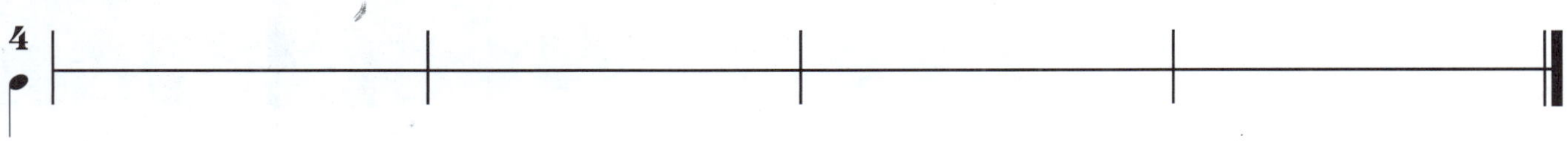

4 El ritmo que nos mueve

El cuerpo, cuando es llevado por la música, puede convertirse en una escultura viva llena de belleza y despertar sentimientos y emociones que transformen el ánimo de las personas.

1 Escucha, canta y acompaña **La cueva.** Rodea las palabras relacionadas con la escultura.

Entramos en la cueva,
vamos a buscar
nuevos materiales;
¿qué nos vamos a encontrar? (bis)

Vemos rocas, vemos piedras,
y metales y maderas.
Una sombra me persigue,
¡ya no quiero buscar más!

Estribillo

Hay cinceles y una maza,
un martillo y un punzón.
Una sombra me persigue,
¡este vampiro es escultor!

Estribillo

Los bailarines, en la **danza,** utilizan la música y el movimiento de su cuerpo como medios de expresión para transmitir sentimientos y emociones.

La danza es tan antigua como la humanidad. En la Antigüedad tenía carácter religioso y ceremonial. Después, tras ser prohibida durante la Edad Media, se fue imponiendo como una forma de relación con los demás.

En Francia se creó, en el siglo XVIII, la primera Academia de ballet, y, ya, en el siglo XX, surgieron gran variedad de estilos de danza.

2 Escucha y relaciona cada audición con un estilo de danza. Numera en el orden en que suenan.

3

Danza contemporánea

2

Ballet

1

Hip-hop

3 Piensa y responde: ¿qué tipo de danza te gustaría aprender a bailar?

____

____

El **pulso** es el latido de la música. Sobre él se genera el ritmo.

El **ritmo** es la frecuencia con la que se combinan y se repiten los sonidos representados por las figuras musicales.

El **ritmo** se encuentra estrechamente vinculado al **compás**.

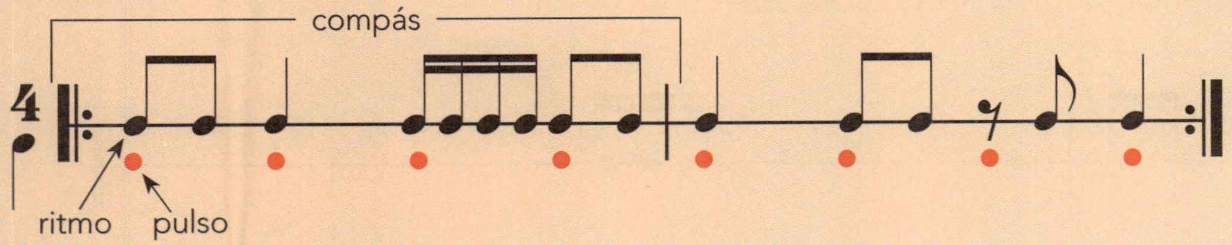

4 Escucha e interpreta los ritmos siguientes sin perder el pulso. Ensáyalos con la ayuda de las prosodias.

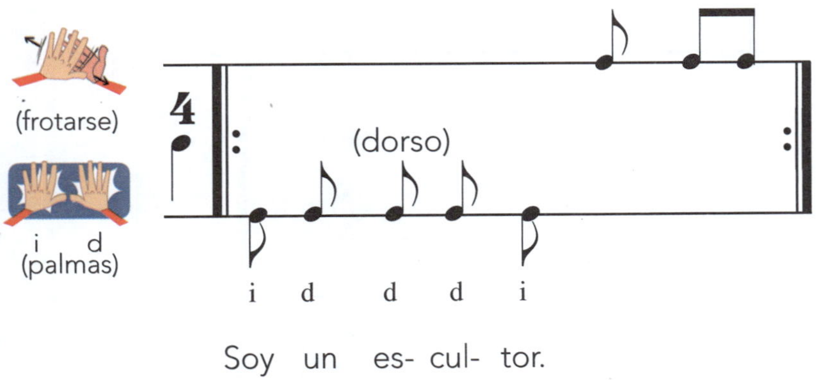

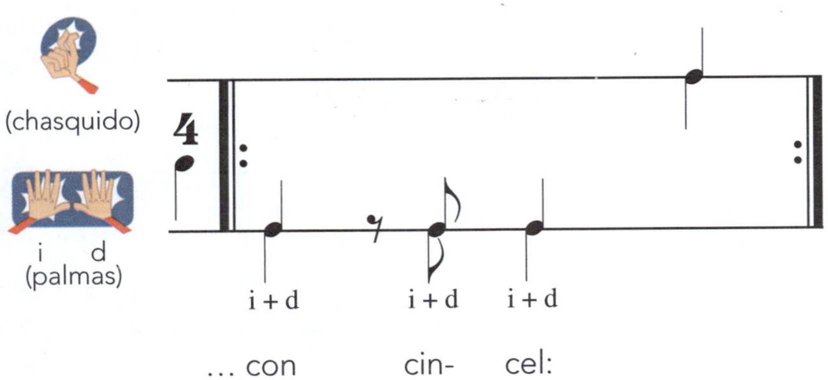

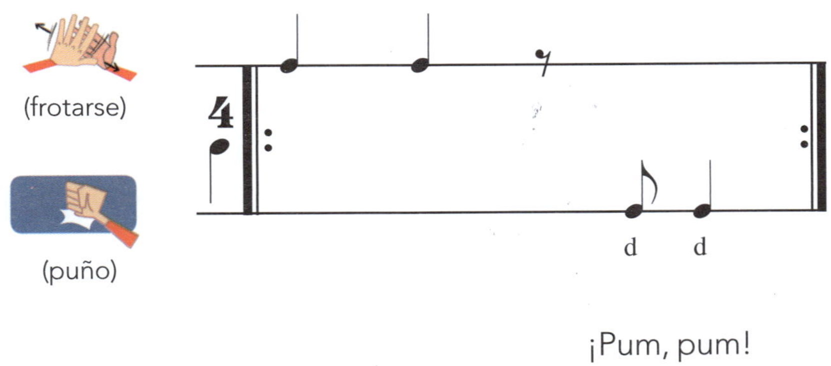

5 **Dictado rítmico.** Escucha con atención y escribe el dictado.

6 Fíjate en el compás y completa con figuras y silencios. Interpreta con percusión.

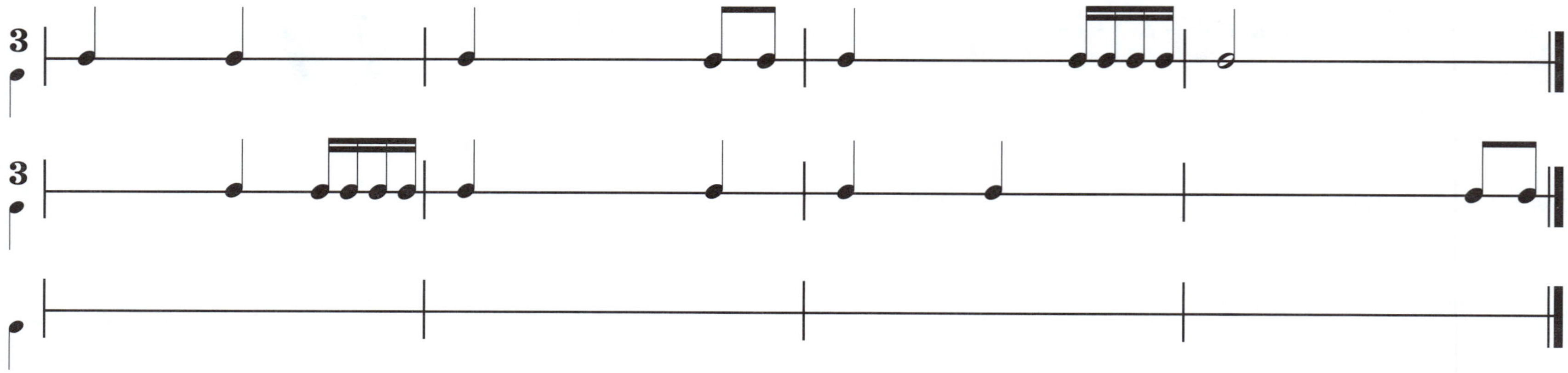

7 Escribe las notas y completa el pentagrama. Entona la melodía.

8 Aprende en la flauta la posición de **las notas DO grave** y **DO agudo (DO')**. Escucha e interpreta.

El pensador

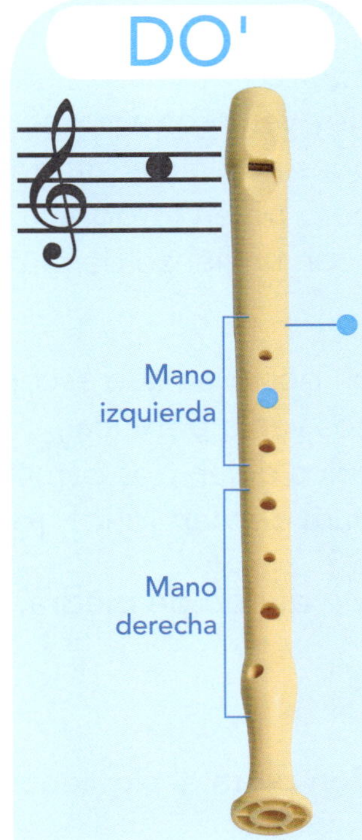

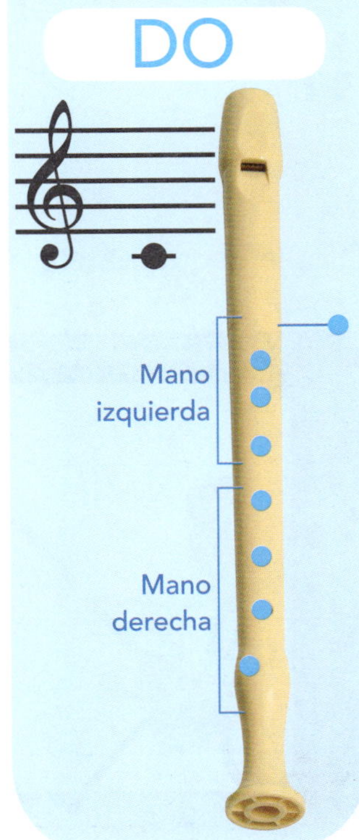

9 Escucha, aprende y canta **Me quedo de piedra.**

estrofa 1

Hoy venimos a posar, (bis)
pues nos van a retratar, (bis)
pero no en fotografía (bis)
ni en un lienzo de pintar. (bis)

En posturas que escojamos
nos van a petrificar,
y nos dejan dos compases
para pensar: ¡uno!, ¡dos!

estrivillo

Me quedo de piedra… (×6)

estrofa 2

Hoy me tengo que inventar (bis)
una pose original, (bis)
voy fijándome en los rostros (bis)
y también en el andar. (bis)

Los actores en las «pelis»
no me van a superar,
y nos dejan dos compases
para pensar: ¡uno!, ¡dos!

Estribillo

10 Completa el siguiente ostinato para acompañar la canción.

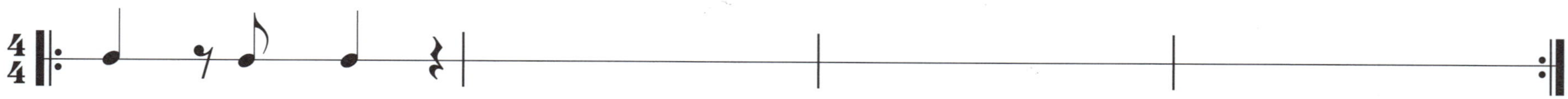

11 Dibuja esquemáticamente las posturas que has escogido durante la canción.

12 Lee y aprende cómo es la escultura de *David*, de Miguel Ángel Buonarroti.

La escultura de *David* es considerada como la más bella y perfecta de la historia. Fue esculpida por el italiano Miguel Ángel Buonarroti (1475-1564) a partir de un bloque único de mármol blanco de más de 5 metros de alto. Un error durante su creación podría haber hecho inservible la obra.

Representa a David, un personaje bíblico, en el momento previo al enfrentamiento con el gigante Goliat. Transmite una poderosa sensación de fortaleza.

Cuenta la leyenda que el papa Alejandro VI sugirió a Miguel Ángel que retocase la nariz de *David* por considerar que era un poco desproporcionada. Miguel Ángel, conocido por su fuerte carácter, empuñó su cincel y un poco de polvo blanco de mármol e hizo como si la corrigiese. La nariz quedó tal como estaba, no se retocó; pero el papa se marchó satisfecho, pues pensó que su sugerencia había sido atendida por el gran maestro.

- ¿Qué figura has esculpido tú en alguna ocasión?

____

David, de Miguel Ángel Buonarroti.

13 Escucha y relaciona cada música con una escultura. Numera en el orden en que suenen.

(3) violín, viola y voz femen

La *Piedad*, de Miguel Ángel.

(2) voz, sintar, elembes, crotalos y zafona

Esfinge de alabastro, Memfis, Egipto.

(1) violonchelo

El *Discóbolo*, de Mirón.

14 Escucha, aprende y baila la **Danza de los siete saltos** (Dinamarca).

Posición inicial

En círculo, cogidos de las manos.

A

Paso saltado hacia la derecha.

B

Paso saltado hacia la izquierda.

Llamada 1.ª vez

Levantar la rodilla derecha.

Se danza siete veces la melodía. Al final de cada vuelta, en la llamada, se va añadiendo una posición nueva a las anteriores.

Llamada 2.ª vez

Llamada 3.ª vez

Llamada 4.ª vez

Llamada 5.ª vez

Llamada 6.ª vez

Llamada 7.ª vez

Los primeros instrumentos musicales fueron los de percusión.

Se clasifican en dos grupos:

- De **altura indefinida:** producen sonidos que **no** se reconocen como **notas.**
- De **altura definida:** producen sonidos que **sí** se reconocen como **notas.**

15 Escribe los nombres de estos instrumentos de altura indefinida. Escucha y rodea los que suenan.

____

____

____

____

____

16 Investiga y escribe los nombres de estos instrumentos de altura definida. Escucha y rodea los que suenan.

____

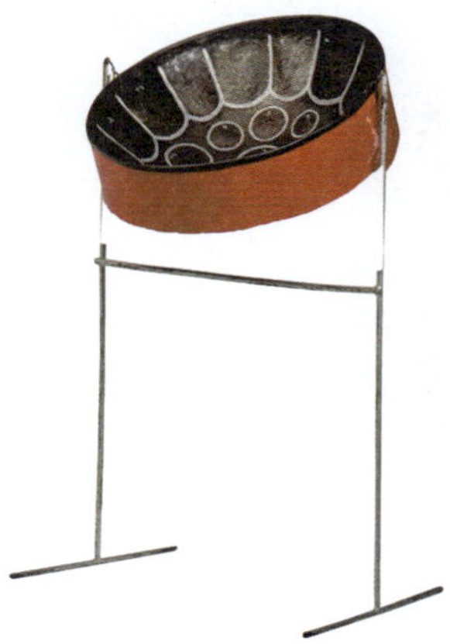
____

____

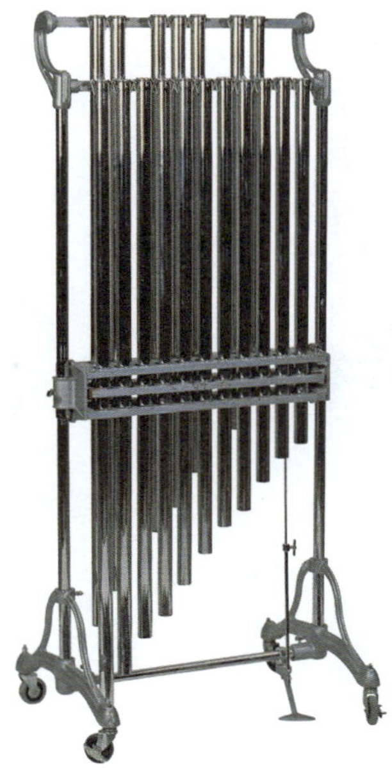
____

TAREA: Los instrumentos populares

17 Las canciones tradicionales emplean instrumentos característicos y son fáciles de acompañar con percusión. Descúbrelo en esta tarea. Escucha, aprende y canta la canción texana **Dejo el viejo Texas** (Estados Unidos).

Voy a dejar el viejo Texas hoy.
Qué raro es todo aquí, no entienden cómo soy.
Sus vacas nunca son las del cuerno largo,
y han arado y han vallado la pradera de ganado.

Y con mi cuerda seguiré el sendero,
galopando en mi caballo, que es lo único que quiero.
Mi cabeza giraré, diré adiós a este poblado.
Voy a México feliz; dejo «El Álamo» texano.

El duro suelo hoy será mi cama,
y mi silla de montar hoy será mi almohada.
Pero sé que allá en el cielo tengo una oportunidad,
si en la tierra llega a fin este largo caminar.

Que tengo alma de vaquero a San Pedro le diré.
Que no es blanca como nieve, yo también le explicaré.
Y sé que me entenderá, porque aquí también vivió,
en la tierra como hombre y como tal actuó.

REPASO DE LA UNIDAD

18 **Dictado rítmico.** Escucha atentamente el dictado y numera en el orden en que suenan.

19 Completa con figuras y silencios. Interpreta con percusión.

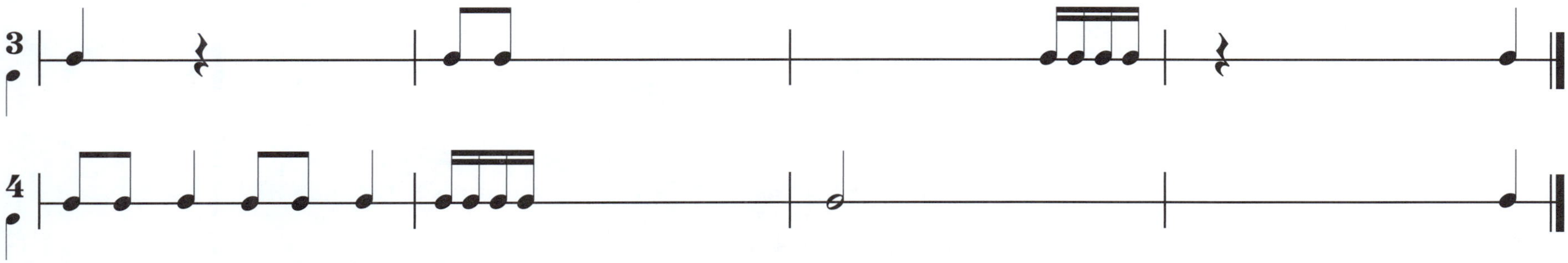

20 Clasifica y escribe cada instrumento en el lugar correspondiente.

Timbales   Cajón   Campanófono   Castañuelas   Xilófono   Gong

Altura indefinida

____

____

____

Altura definida

____

____

____

5 Concierto de palabras

La música y la palabra contienen una gran fuerza expresiva. Cuando una acompaña a otra pueden convertirse en un manantial de emociones.

1 Escucha, canta y acompaña **El fantasma Cometletras.** Rodea las palabras que indican sonidos e imítalos.

Estrofa 1

Por la noche en el castillo,
mientras suenan los martillos,
una voz repite al vernos:
¡una sílaba de menos!

Por la noche en el castillo,
al oír las campanadas,
una voz repite extraña
y dos sílabas se calla.

Estribillo

Estrofa 2

Por la noche en el castillo,
mientras ríe a carcajadas,
los murciélagos espanta
y tres sílabas no canta.

Otra vez en el castillo
hay noche de luna llena,
mientras se oyen las cadenas
cuatro sílabas no suenan.

Estribillo

Estribillo

El fantasma Comeletras
otra vez apareció
y como todas las noches
ni una letra nos dejó.

Los pasillos
del castillo
son muy largos.
¡Yo me marcho!

Estrofa 3

Por la noche en el castillo,
mientras suenan los serruchos,
el fantasma canta en eco,
cinco sílabas no escucho.

Por la noche en el castillo,
cuando suena el portalón,
el fantasma que me espía
se ha comido ya un montón.

Estribillo

Estrofa 4

Esta noche en el castillo
los vampiros le acompañan.
Él se ríe a carcajadas
y otra sílaba se traga.

Yo me marcho del castillo
antes que suenen las doce,
pues la panza se ha llenado;
ni una sílaba ha dejado.

Estribillo

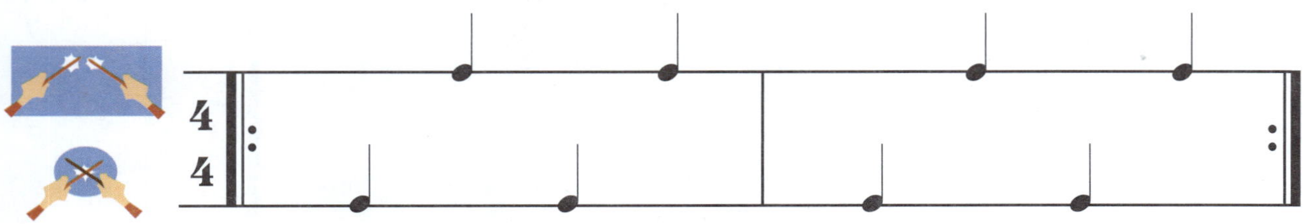

La entonación es un importante recurso para expresar las emociones y los sentimientos. Con la entonación al hablar mostramos nuestro estado de ánimo.

Los grupos de palabras que separamos por pausas y utilizamos para comunicarnos se llaman **grupos fónicos.**

Cada grupo fónico tiene una línea melódica diferente para expresar sorpresa, curiosidad, tristeza, alegría, miedo.

2 Observa, lee y descubre qué línea melódica corresponde a la entonación de cada frase. Escribe el número.

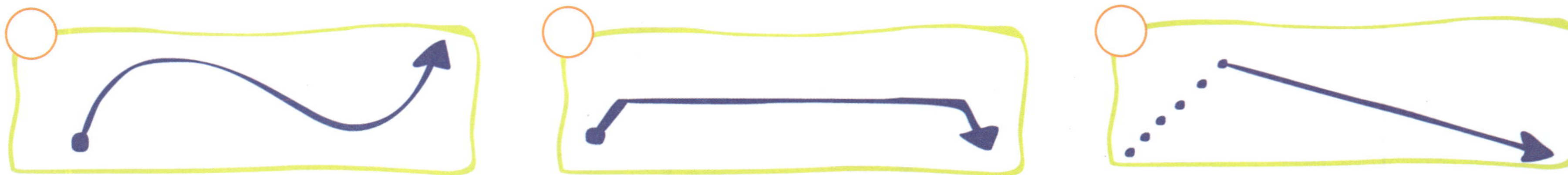

1. **Enunciado:** Arriba llora la novia en un alto ventanal.
2. **Exclamación:** ¡Qué corta limosna es esta para la que solía dar!
3. **Pregunta:** ¿De quién es este rebaño con tanto hierro y señal?

3 Observa y entona con diferente expresión una de las frases anteriores.

Sorpresa

Tristeza

Desprecio

Enfado

Cantar un poema, con entonación expresiva, es un arte que consiste en transmitir la emoción que surge de la unión de la letra y la música.

El **cantautor** es el cantante de poemas. Unas veces son composiciones propias y, en otras ocasiones, cantan poemas escritos por otros con el fin de hacerlos más cercanos y populares para el gran público.

4 Escucha y sigue la lectura de estos poemas cantados.

Gracias a la vida.
Letra y música de Violeta Parra.

Gracias a la vida que me ha dado tanto.
Me dio dos luceros que cuando los abro,
perfecto distingo lo negro del blanco.
Y en el alto cielo su fondo estrellado.
Y en las multitudes el hombre que yo amo.

Gracias a la vida que me ha dado tanto.
Me ha dado la marcha de mis pies cansados;
con ellos anduve ciudades y charcos,
playas y desiertos, montañas y llanos.
Y la casa tuya, tu calle y tu patio.

Saeta.
Letra de Antonio Machado
y música de Joan Manuel Serrat.

¡Oh, la saeta, el cantar
al Cristo de los gitanos,
siempre con sangre en las manos,
siempre por desenclavar!

¡Cantar del pueblo andaluz,
que todas las primaveras
anda pidiendo escaleras
para subir a la cruz!

¡Cantar de la tierra mía,
que echa flores
al Jesús de la agonía,
y es la fe de mis mayores!

¡Oh, la saeta el cantar,
no puedo cantar ni quiero
a este Jesús del madero
sino al que anduvo en la mar! (bis)

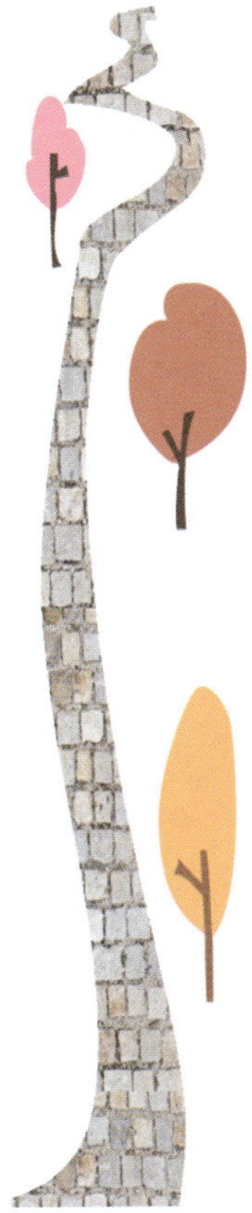

5 Fíjate y escribe el compás que corresponde. Interpreta con percusión.

6 Coloca las líneas divisorias donde corresponda.

7 Elige un compás 2/♩, 3/♩ o 4/♩ y crea tu propio ritmo. Interprétalo con palmadas en la mesa.

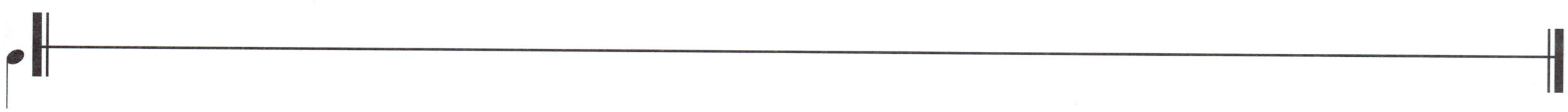

8 Aprende en la flauta la posición de **la nota RE agudo (RE')**. Escucha e interpreta.

La feria de Scarborough

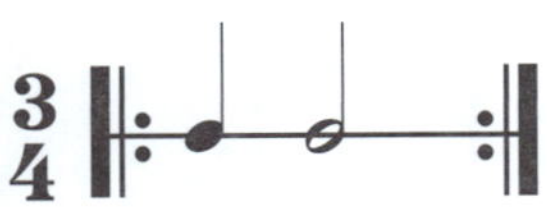

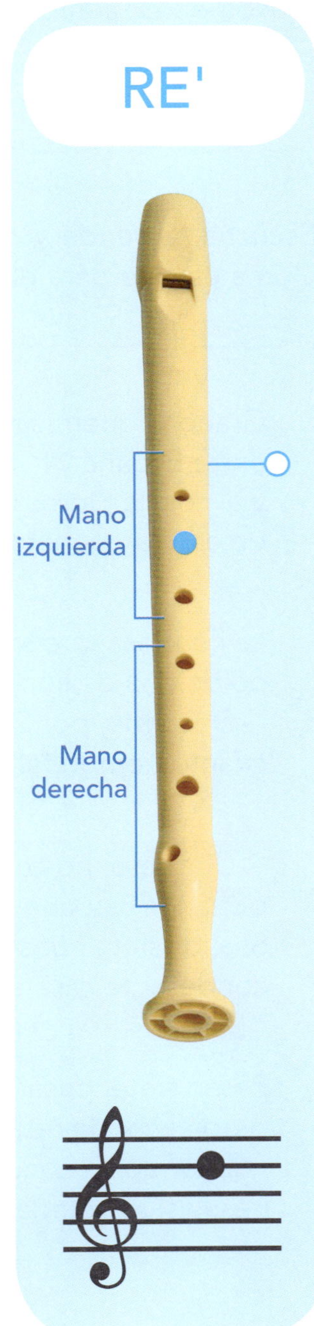

Los **romances** son poemas de origen popular y anónimo que los juglares de la Edad Media solían recitar o cantar de pueblo en pueblo con un acompañamiento instrumental.

El amor, las aventuras y las guerras eran los temas más tratados en los romances. Se han conservado hasta hoy gracias a la tradición oral.

9 Escucha, aprende y canta el romance **El conde Flores.** Crea y escribe una última estrofa para el romance.

Grandes guerras se publican
entre España y Portugal,
y al conde Flores le llevan
de capitán general.

La condesa que lo supo
no dejaba de llorar:
—Decidme, por Dios, buen conde,
cuánto tiempo faltará.

—Condesa, no cuentes días,
por años hay que contar.
Si a los siete años no vuelvo,
condesa, te casarás.

Pasan siete, pasan ocho,
pero el conde no vendrá,
y, llorando, la condesa
pasa así su soledad.

Estando en su estancia un día
su padre le vino a hablar:
—Cartas del conde no llegan,
hija, te debes casar.

—No lo querrá el Dios del Cielo
ni la Santa Trinidad;
mientras mi marido viva
no me puedo desposar.

Dadme licencia, mi padre,
para al conde ir a buscar.
—Mi licencia tienes, hija,
cúmplase tu voluntad.

Se quita el rico vestido,
se pone un tosco sayal,
coge un bastón en su mano
y se va a peregrinar.

Anduvo de villa en villa
y de ciudad en ciudad;
anduvo tierras y tierras,
no pudo al conde encontrar.

Estando desesperada,
ya pensaba en regresar,
cuando gran rebaño, un día,
halló en un ancho pinar.

—Pastorcito, pastorcito,
por la Santa Trinidad,
que me niegues la mentira
y me digas la verdad:

¿De quién es este rebaño
con tanto hierro y señal?
—Del conde Flores, romera,
que hoy está para casar.

—¿En dónde vive ese conde,
en dónde le podré hallar?
—En aquel alto palacio,
en aquel palacio real.

Ha llegado hasta la puerta
y al conde se fue a encontrar.
—Dadme limosna, buen conde,
por Dios o por caridad.

Metió la mano en su bolsa,
un real de plata le da.
—¡Qué corta limosna es esta
para la que solía dar!

—¿De dónde es la peregrina,
de qué tierra y qué ciudad?
—De la ciudad de Sevilla
y de España natural.

—Diga, diga la romera,
¿qué se cuenta por allá?
—El conde Flores no ha vuelto,
su mujer le ha ido a buscar.

—¿Quién eres tú, peregrina,
que tantas señas me das?
—¿No me conoces, buen conde?
Pues mira y conocerás:

El anillo que me diste
el día de desposar.
Al oír estas palabras,
cae desmayado hacia atrás.

Ni con agua ni con vino
se le puede levantar,
si no es con dulces palabras
que la romera le da.

Arriba llora la novia
en un alto ventanal.
—Malhaya la romerita,
¡quién la trajo para acá!

—No la maldiga ninguno,
que es mi mujer natural;
con ella vuelvo a mi tierra,
con Dios, señores, quedad,
que los amores primeros
son muy malos de olvidar.

El ritmo natural que tienen las palabras se llama **ritmo prosódico** o ritmo del lenguaje. El ritmo «natural» de las palabras facilita el ritmo musical. Solamente hay que seguir el pulso y la duración de las figuras.

10 Observa e interpreta el ritmo prosódico con palmadas.

Una sílaba	Dos sílabas (grave)	Dos sílabas (aguda)	Tres sílabas (esdrújula)	Tres sílabas (grave)	Tres sílabas (aguda)
★	**★** ★	★ **★**	**★** ★ ★	★ **★** ★	★ ★ **★**
♩	♫	𝄾♪ ♩	♪♪♪	𝄾♪ ♫	♫ ♩
pez	**lu**na	trom**bón**	**tí**tere	gui**ta**rra	direc**tor**

11 Escucha, lee y escribe las palabras en el cuadro que corresponda: *trompeta – música – sol – timbal – clave – saxofón.*

♫	♪♪♪	♫ ♩	♩	𝄾♪ ♩	𝄾♪ ♫
____________	____________	____________	____________	____________	____________

12 Escucha, lee y completa con las figuras adecuadas o con estas palabras: *cántamelo – alteración – partitura – unísono.*

𝅘𝅥𝅯𝅘𝅥𝅯𝅘𝅥𝅯𝅘𝅥𝅯	♫ ♫	𝄾♪ ♪♪♪		𝄾♪ ♫ ♩	
____________	____________	____________	Introducción	____________	Violonchelo

13 Escucha y marca el pulso en cada audición. Completa con 2/♩, 3/♩ o 4/♩, según corresponda.

Título: *Sinfonía 40.*

Autor: ________________________

(1756-1791).

Título: *Moonlight Serenade.*

Autor: Glenn Miller (1904-1944).

Título: «Minuetto», *La arlesiana n.° 2.*

Autor: Georges Bizet (1838-1875).

Título: *Marcha en Fa M, W. 018.*

Autor: ________________________

(1712-1773).

Título: *Moon River.*

Autor: Henry Mancini (1924-1994).

Título: *Indiana Jones y la última cruzada.*

Autor: John Williams (1932).

14 ¿Quién es quién? Busca información y escribe en su lugar: Ludwig van Beethoven y Wolfgang Amadeus Mozart.

TAREA: El final de una canción

15 Existen diversos modos de finalizar una canción; uno de ellos es aumentando poco a poco su tempo, que se indica con el término italiano *accelerando.* Escucha el *accelerando* en esta tarea. Escucha, aprende y canta **Mi enebro, Kalinka** (Rusia).

¡Mi enebro contento vive en el jardín!
¡Con frambuesas y fresas que crecen allí! (bis)

Debajo del abeto
voy a dormir contento.
Abeto verde, ¡acuéstame a dormir!
Ay-liuli, liuli, ay-liuli, liuli,
abeto verde, ¡acuéstame a dormir!

¡Mi enebro contento vive en el jardín!
¡Con frambuesas y fresas que crecen allí! (bis)

Debajo del abeto
voy a dormir contento.
Abeto verde, ¡no hagas ruido aquí!
Ay-liuli, liuli, ay-liuli, liuli,
abeto verde, ¡no hagas ruido aquí!

Repaso de la unidad

16 Lee con entonación expresiva y dibuja la línea melódica que corresponde.

¡Quién pudiera tener ya las vacaciones!

¿Me esperáis para salir?

17 Busca diferentes palabras cuyo ritmo prosódico coincida con los ritmos musicales siguientes.

18 Agrupa en compases ternarios el esquema rítmico siguiente. Interpreta.

19 Crea tú un esquema rítmico en el tipo de compás que prefieras.

6 Arquitecto de sonidos

La obra musical es el resultado de un trabajo artístico en el que confluyen personas y elementos materiales cuyas aportaciones consiguen que pueda ser disfrutada.

1 Escucha, aprende y canta **Del suelo al techo.** Fíjate en el orden de las estrofas.

2 Observa y completa el segundo compás de la misma forma que el primero. Interpreta con palmadas para acompañar la parte instrumental.

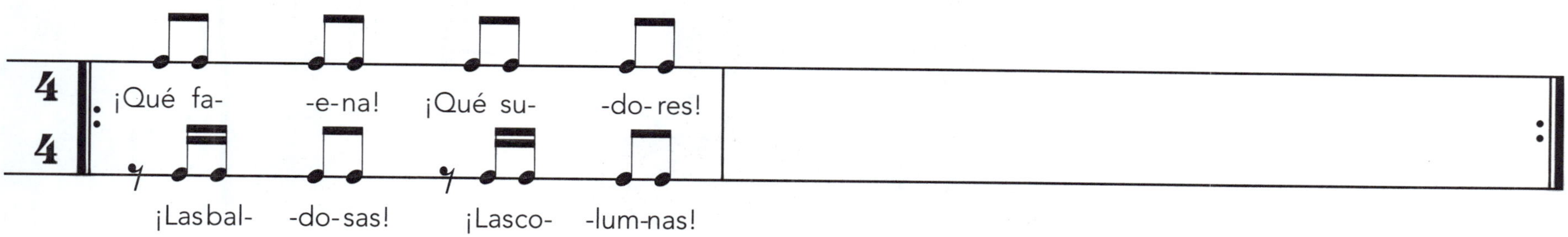

La **interpretación** de una obra por la orquesta requiere la unión de los esfuerzos de todos los que intervienen en ella con el fin de obtener bellas melodías con la calidad deseada.

3 Lee, relaciona y numera según corresponda.

1. Compositor
Es el creador de la obra musical.

2. Instrumentos
Forman un semicírculo en torno al director. Son de cuerda, viento y percusión.

3. Director
Conduce la interpretación de la obra. Se sitúa en el centro de la orquesta.

4. Concertino
Primer violinista. Supervisa la afinación de los instrumentos para armonizar los sonidos.

5. Sonido
Es lo que percibe el público como resultado de la interpretación.

6. Partitura
Es el papel donde se encuentra escrita la obra musical.

7. Intérpretes
Son los músicos que ejecutan la obra musical. Se unen al concertino para interpretar la composición.

4 Lee y relaciona los elementos que intervienen en la construcción de un edificio con los que participan en la elaboración de una obra musical. Busca en el diccionario los términos que no conozcas.

Obreros	Compositor
Capataz	Sonidos
Arquitecto	Instrumentos
Materiales	Concertino
Aparejador	Intérpretes
Planos	Partitura
Herramientas	Director

5 Investiga y escribe los nombres de tres grandes obras arquitectónicas o monumentos y los de tres grandes obras musicales.

Obras arquitectónicas

___

___

___

Obras musicales

___

___

___

La música, al igual que la arquitectura, requiere un diseño de su estructura, un modelo que le dé **forma.**

Las principales formas musicales son **bipartita, rondó** y **ostinato.**

6 Escucha y relaciona cada forma musical con una estructura arquitectónica. Numera en el orden en que suenan.

Bipartita

Se compone de dos partes que se van alternando: estrofa y estribillo.

Ostinato

Es la repetición constante de una misma parte. El ostinato **rítmico** es la repetición de un ritmo; el ostinato **melódico** es la repetición de una melodía.

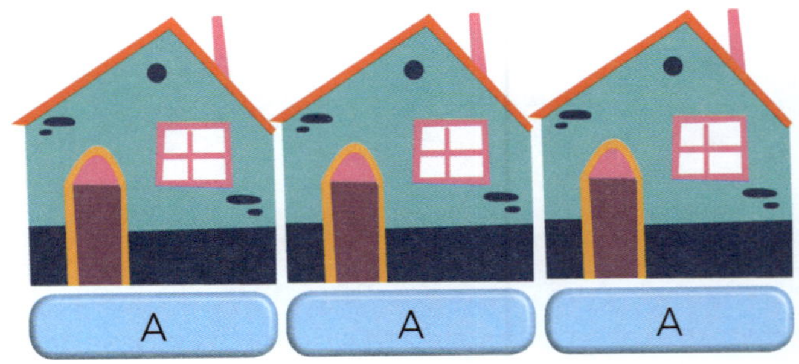

Rondó

Se alterna una parte A que siempre se repite, con unas partes que varían (B, C). Siempre termina en la parte A.

7 Escucha y acompaña como se indica: la parte A, con la flauta o con los bordones de DO; las partes B, C y D, con percusión.

La torre de Bang

8 Piensa y resuelve:

- Escribe los nombres de los bordones que acompañan la parte A:

A1 ____________ A2 ____________ A3 ____________ A4 ____________

- ¿Qué forma musical tiene **La torre de Bang**? ____________

9 Lee y sigue los pasos para crear tu propia obra musical.

- Elige los sonidos de la escala pentatónica: DO, RE, MI, SOL, LA, DO'. Distribuye libremente las figuras y los silencios. Comienza y termina en DO.

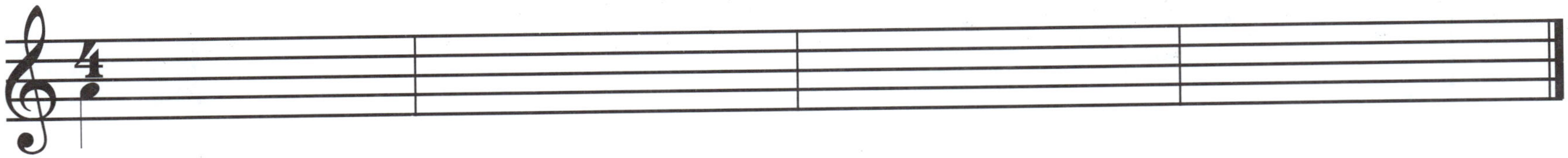

- Según la melodía recién creada, combina las duraciones de las figuras y los silencios para obtener una secuencia rítmica.

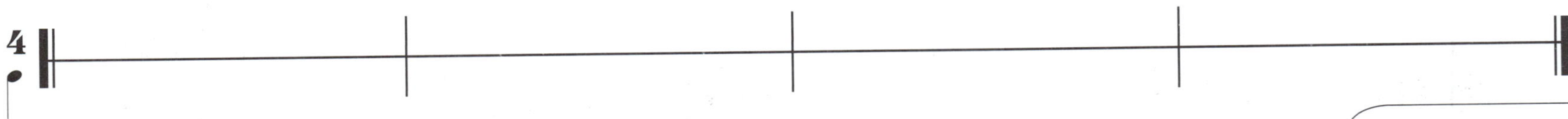

- Decide con qué instrumento vas a interpretar tu obra (flauta o instrumento de láminas). Ya tienes tu composición. Ahora ponle un título y preséntala ante los demás.

Título

10 Pide que acompañen tu obra con uno de los bordones siguientes.

1

2

3

4

11 Escucha **Annen Polka,** de Strauss. Crea un acompañamiento para la parte D e interpreta como se indica.

Forma

Intro, A, B, Puente, A, C, D, Intro, A, B, Puente, A, Final

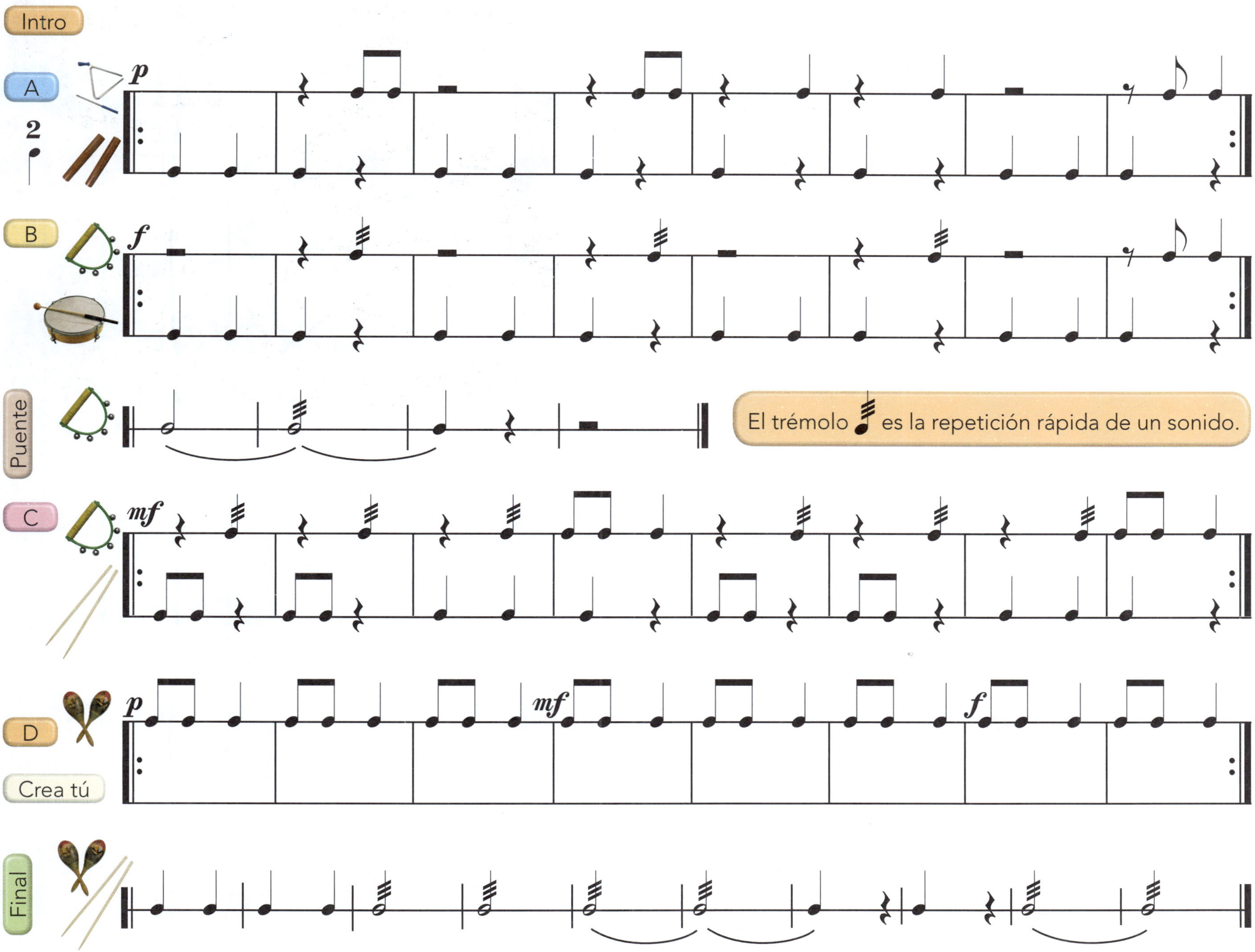

12 Lee el relato **Las murallas y la música** y responde.

Según la mitología griega, a los hermanos gemelos Zeto y Anfión, hijos de Zeus, les unía un gran afecto. Zeto sobresalía en la lucha y en las labores manuales; sin embargo, Anfión era virtuoso con la lira, aficionado a la música y al arte.

Trabajaban juntos en la construcción de la muralla de la ciudad de Tebas. Cuenta la leyenda que mientras Zeto transportaba los grandes bloques de piedra, Anfión tocaba la lira de siete cuerdas que le regaló Hermes de forma tan bella que las piedras le seguían y se colocaban solas en el lugar adecuado.

También, una historia narrada en la Biblia relaciona la música con la muralla de la ciudad de Jericó. En el Antiguo Testamento se narra cómo Josué y su ejército consiguieron asaltar la ciudad de Jericó.

Durante seis días dieron seis vueltas a la ciudad. Delante iban siete sacerdotes llevando siete trompetas. Al séptimo día dieron siete vueltas a la muralla mientras los sacerdotes tocaban las trompetas. A las puertas de la muralla, el sonido de las trompetas se prolongó más tiempo y el ejército lanzó el grito de guerra. Entonces, la muralla de la ciudad se derrumbó y todos entraron, cada uno por el lugar que tenía al frente.

En las dos históricas ciudades, la música es la protagonista: En Tebas, la música surgida de la lira ayudó a la construcción de la muralla de Tebas; en Jericó, la música de las siete trompetas provocó la destrucción de sus murallas.

Cuando la música sigue unos principios naturales y armónicos es como un edificio confortable y bello que apetece habitar; pero si no tiene arte, puede destruir el equilibrio y ser un suplicio.

- ¿Qué efecto tenía la música en las murallas de Tebas?

  La música hacía que las piedras se colocaban solas.

- ¿Qué efecto produjo en Jericó?

  La destrucción de la muralla

- ¿Qué libro religioso relata la historia de Josué?

  En la biblia, el antiguo testamen-

- Cita un conjunto de siete elementos que sea habitual en nuestra cultura.

  En música, las notas musicales

- Pon un ejemplo cotidiano de contaminación acústica.

  La costrucion, La estacion de treo

13 Escucha, aprende y canta **A coger el trébole.** Acompaña el estribillo como se indica.

A lo alto, a lo bajo y a lo ligero (bis).
Al uso de mi tierra, al uso de mi tierra,
al uso de mi tierra toco el pandero,
toco el pandero, toco el pandero.

A coger el trébole, el trébole, el trébole;
a coger el trébole la noche de San Juan.
A coger el trébole, el trébole, el trébole;
a coger el trébole los mis amores van.

Estribillo

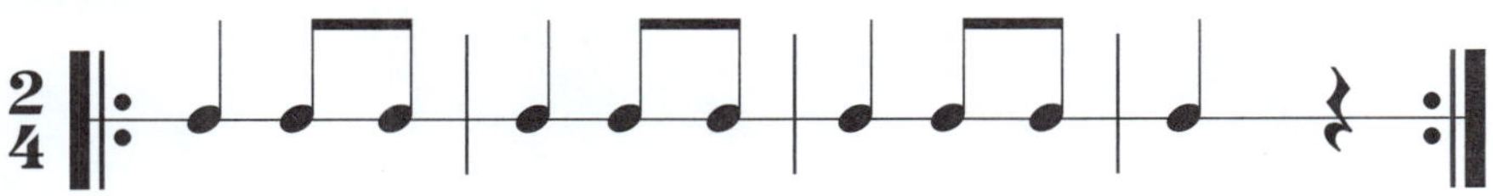

A lo alto, a lo bajo y a lo ligero (bis).
Por echarme en la cama, por echarme en la cama,
por echarme en la cama, me eché en el suelo,
me eché en el suelo, me eché en el suelo.

Estribillo

¿Qué quieres que te traiga?, que voy a Madrid (bis).
No quiero que me traigas, no quiero que me traigas,
no quiero que me traigas, que me lleves sí,
que me lleves sí, que me lleves sí.

Estribillo

La noche de San Juan se celebra durante el solsticio de verano. Es el día más largo del año y la noche más corta.

Desde la Antigüedad se ha celebrado esa noche como el momento en que la luz vence a la oscuridad. El fuego, siempre presente en esta celebración, simboliza la ruptura de la oscuridad.

14 Escucha atentamente y escribe los nombres de los instrumentos que reconoces.

____

15 ¿Qué forma musical tiene la canción **A coger el trébole?**

____

TAREA: Las canciones tradicionales

16 Todos los países tienen canciones tradicionales que han pervivido a lo largo de la historia y que cualquiera de sus habitantes conoce. Es el caso de esta canción inglesa, que ha sido versionada por solistas y grupos conocidos, como The Beatles. Escucha, aprende y canta **My Bonnie lies over the ocean** (Escocia).

My Bonnie lies over the ocean,
my Bonnie lies over the sea.
My Bonnie lies over the ocean,
oh, bring back my Bonnie to me.

Bring back, bring back,
oh, bring back my Bonnie to me, to me:
Bring back, bring back,
oh, bring back my Bonnie to me.

Last night as I lay on my pillow,
last night as I lay on my bed.
Last night as I lay on my pillow,
I dreamed that my Bonnie was dead.

Estribillo

Oh, blow the winds over the ocean
and blow the winds over the sea.
Oh, blow the winds over the ocean
to bring back my Bonnie to me.

Estribillo

The winds have blown over the ocean,
the winds have blown over the sea.
The winds have blown over the ocean,
have brought back my Bonnie to me.

Estribillo

Repaso de la unidad

17 Lee, relaciona y une.

Partitura

Compositor

Director

Concertino

Intérpretes

Es el creador de la obra musical.

Conduce la interpretación de la obra.

Supervisa la afinación de los instrumentos.

Es el papel donde se encuentra escrita la obra musical.

Son los músicos que ejecutan la obra musical.

18 Si estos conjuntos de figuras geométricas fueran formas musicales, ¿qué nombre tendría cada una de ellas?

19 Crea una melodía con la escala pentatónica de DO. Entona con una vocal.

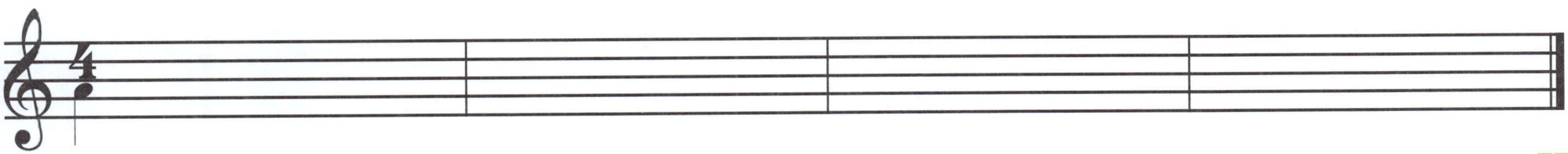

Más música

- La flauta dulce
- Posiciones de la flauta
- Interpretación
- Danza
- Glosario
- Pautas musicales

La flauta dulce

¿Qué es?

La flauta dulce es un instrumento que pertenece a la familia de viento. En concreto, es un instrumento de viento-madera en forma de tubo.

El sonido se obtiene por la vibración que produce el aire que se expulsa suavemente a través de ella.

¿Cómo es?

El tubo sonoro consta de tres partes: cabeza (con bisel y embocadura), cuerpo y pie o base.

Tiene ocho orificios: siete delante y uno detrás. Los orificios se numeran de manera que el 0 es el orificio de atrás, y el 7, el de más abajo.

Al tapar y destapar los orificios de la flauta, cambia la altura del sonido: orificios destapados, sonido agudo; orificios tapados, sonido grave.

Cada dedo tiene, en la flauta, un lugar determinado (excepto el meñique de la mano izquierda). Los orificios se tapan y se destapan con la yema de los dedos, sin apretar, y con ellos ligeramente estirados, como pico de cigüeña.

El dedo pulgar derecho se coloca por detrás, entre los orificios 4 y 5. Aunque no tapa ningún orificio, el pulgar soporta el peso de la flauta.

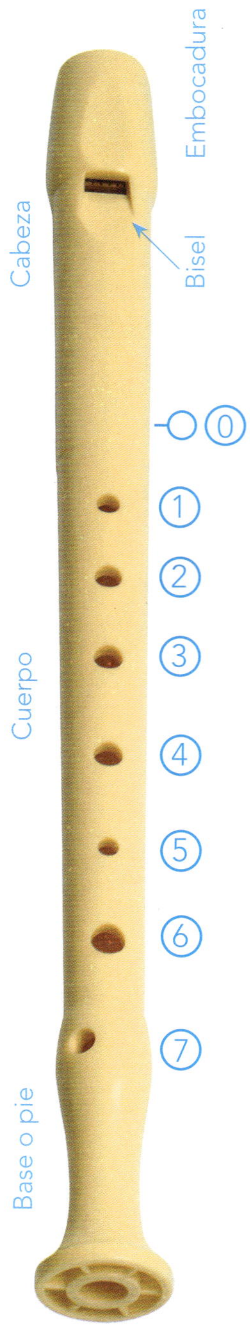

Limpieza y conservación

Al terminar de tocar la flauta, seca suavemente la humedad interior con un limpiador adecuado. Ten cuidado para no dañar las partes más delicadas, como el bisel, pues se podría desafinar la flauta y quedar inservible.

Si tu flauta se desmonta, conviene tener bien lubricadas las juntas de unión con un poquito de vaselina para que sea más fácil y seguro montarla y desmontarla para su limpieza.

Al final del uso y la limpieza de tu flauta, guárdala en su estuche o funda para conservarla en óptimas condiciones. Aun guardada, evita que tu flauta reciba un golpe.

Recuerda que es un instrumento muy personal; no debes compartir su uso por razones, fundamentalmente, higiénicas.

Recomendaciones

Control postural

Cuando toques la flauta, debes tener la espalda recta, la mirada al frente y los codos ligeramente separados del cuerpo. Te ayudará a respirar y expulsar bien el aire.

Digitación

No olvides nunca la primera norma para sujetar la flauta adecuadamente: la mano izquierda siempre arriba. Y, por tanto, la mano derecha, abajo. Toma la flauta con la mano derecha abajo y apóyala en la barbilla. Sitúa la mano izquierda arriba y, deslizando las yemas de los dedos, busca los orificios.

Coloca los dedos sobre la flauta suavemente, sin apretar. Para que el sonido sea dulce y agradable, sitúa los dedos como el pico alargado de una cigüeña.

Respiración

Administra y dosifica bien el aire.

Vacía los pulmones todo lo que puedas, soplando con fuerza. Luego, aspira el aire lentamente por la boca, procurando llenar primero la parte inferior de los pulmones. Al final, después de un pequeño bloqueo de la caja torácica, espira lentamente.

Articulación

Controla correctamente con la lengua el aire que soplas, pronunciando suavemente cada sonido.

Antes de interpretar, lee y ensaya las notas con la flauta apoyada en la barbilla. Sopla suavemente mientras articulas la sílaba Tu (♩) o Turu (♫).

Control postural

Digitación

Respiración

Articulación

Posiciones de la flauta

DO

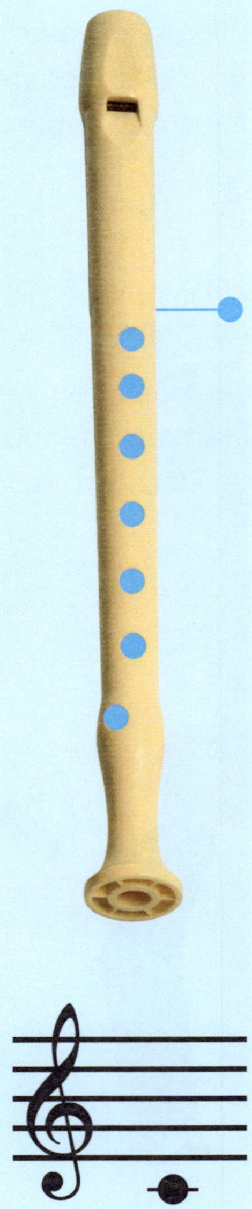

RE

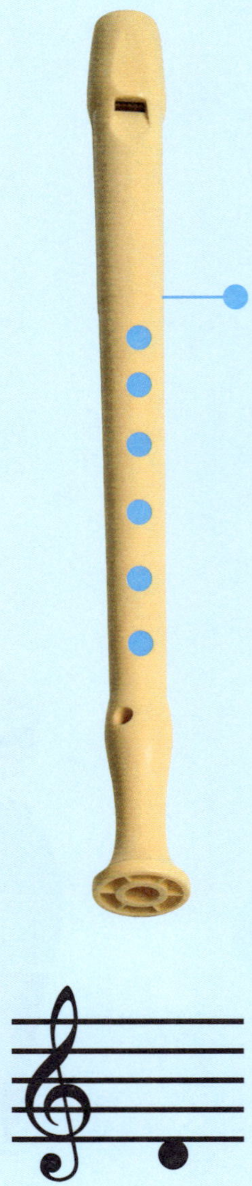

MI

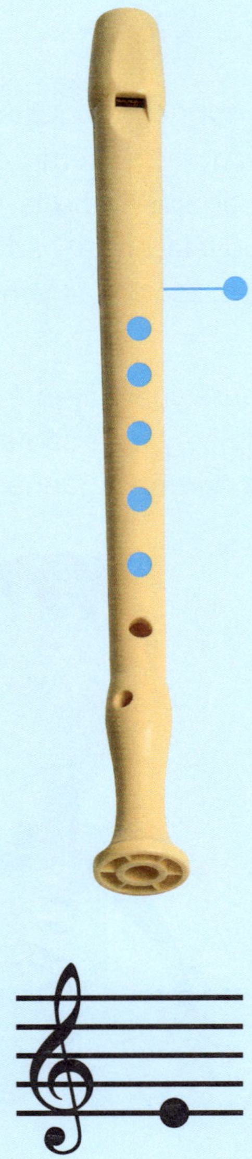

FA

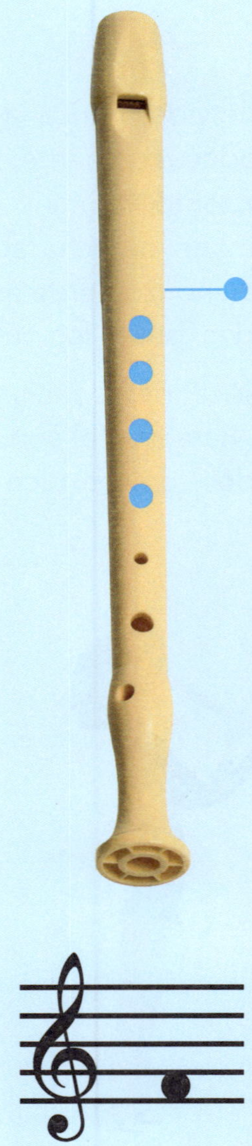

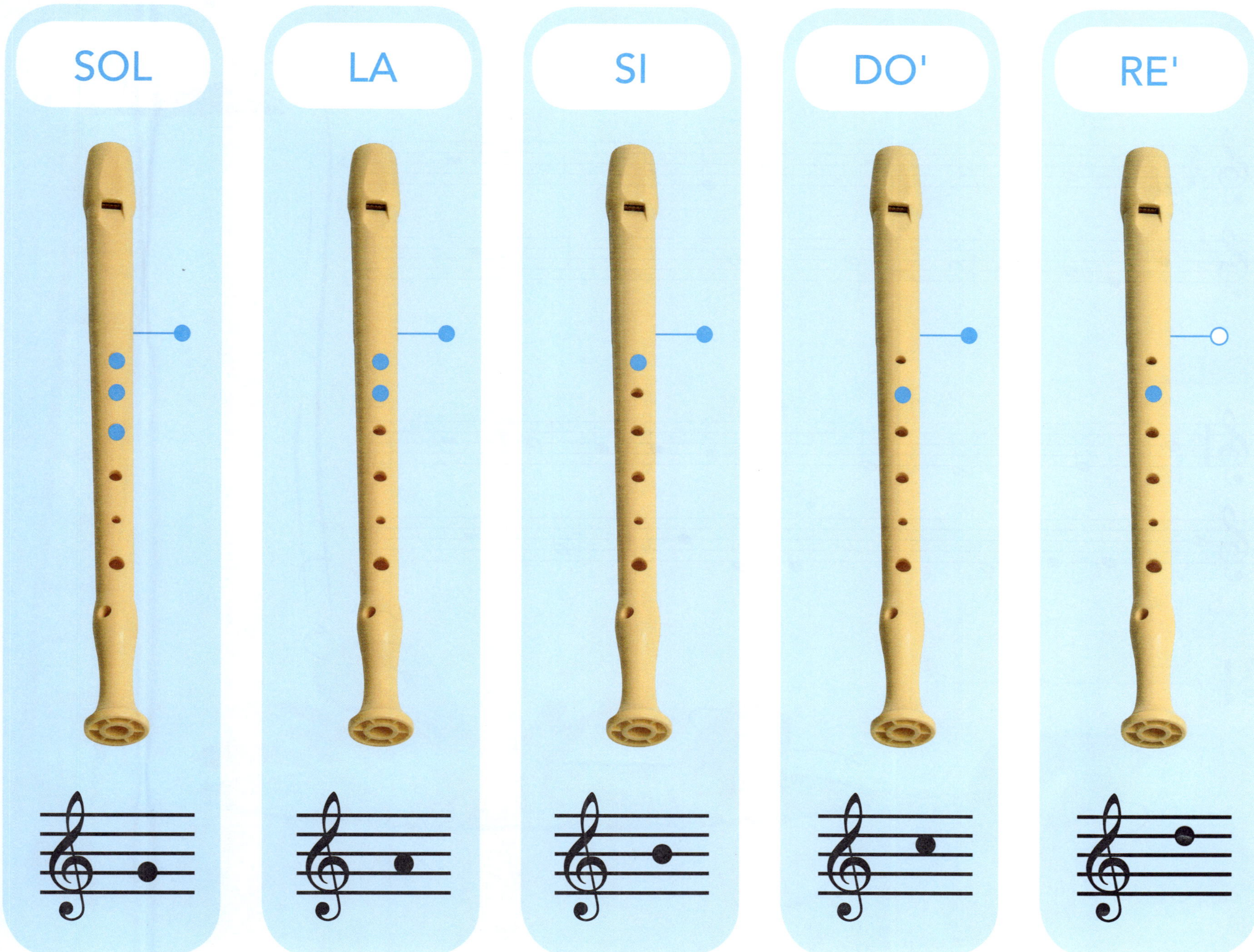
SOL
LA
SI
DO'
RE'

Interpretación

1 Escucha e interpreta con tu flauta esta melodía.

Sopa de letras

A1

A2

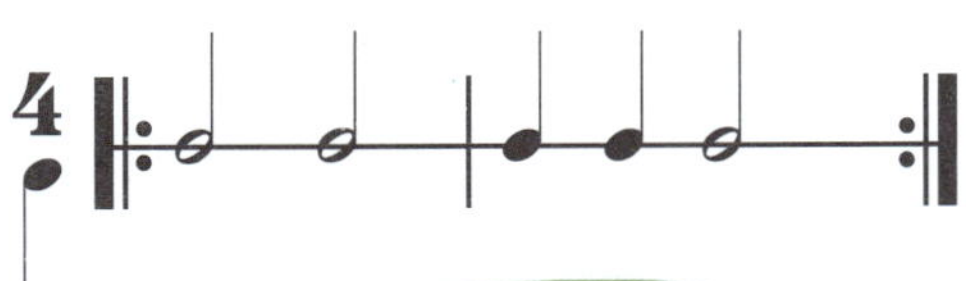

2 Escucha e interpreta con tu flauta esta melodía.

El blues del bonobús

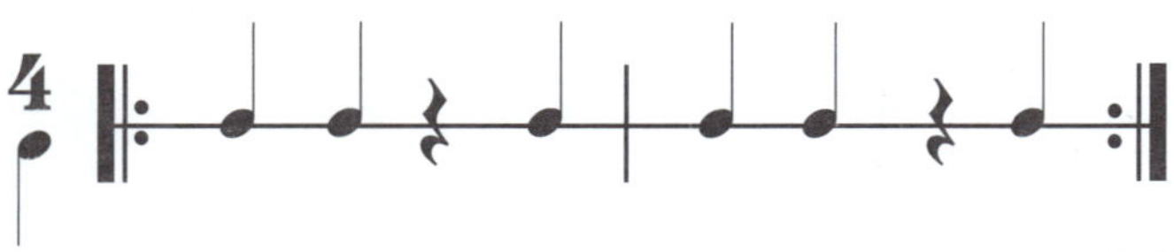

3 Escucha e interpreta con tu flauta la melodía siguiente.

De día y de noche

4 Escucha e interpreta con tu flauta esta melodía.

La danza del pirata

A

B

5 Escucha e interpreta con tu flauta la melodía siguiente.

De ola en ola

Danza

6 Lee, aprende y crea en grupo una secuencia de movimientos para conseguir una coreografía para rombos. El grupo decide sobre qué música se desarrollará la danza.

El rombo

Cada grupo elige un **líder,** que se situará en un ángulo del rombo, y los demás mirarán hacia él. El líder propondrá movimientos con su cuerpo para que el grupo le imite.

Cuando el **líder** se gire (un cuarto o media vuelta), todos girarán con él. El que pase a estar ahora en el ángulo al que todos miran será el líder, e improvisará nuevos movimientos que los demás imitarán. Continuad así hasta que todos hayan improvisado.

Los rombos pueden evolucionar con o sin desplazamiento.

7 Escucha, aprende y baila la siguiente danza popular de México.

La novia

Disposición inicial

Dos corros concéntricos, con los chicos en el interior y las chicas en el exterior.

Desarrollo

A A ritmo de vals (ternario), se dan tres pasos, finalizando con dos palmadas.

1.ª vez

2.ª vez

B

Vals con la pareja. Al terminar la parte B, las chicas se desplazan hacia la derecha con tres pasos para cambiar de compañero.

8 Escucha, canta y baila la salsa siguiente. Ensaya los pasos que se indican.

¿Quién le pone salsa?

Cuando la musa nos convoque a los pintores
acudiremos a un concurso de salsitas
para pintar de mil colores los sabores
de salsas rosas, verdes, rojas y amarillas.

¿Quién le pone salsa
a este chachachá? (bis)

Con el salero enamoro a quien yo quiero,
con «azuquítar» se me quitan las penitas;
al son de congas, claves, bongos y cencerros
improvisamos el color de la salsita.

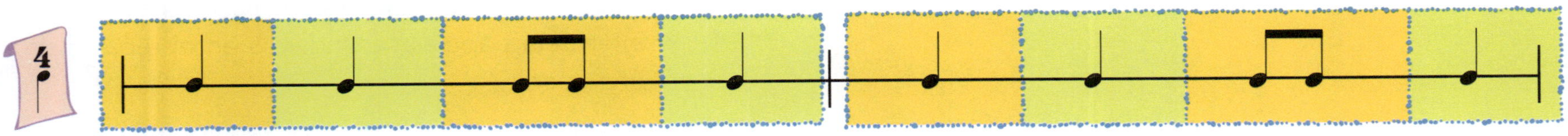

¡Un, dos, cha - cha - chá! ¡Un, dos, cha - cha - chá!

Glosario

Acento: Pulso más destacado de un compás. Recae siempre en el primer tiempo.

Altura: Cualidad que indica si un sonido es agudo o si es grave. Se representa en la partitura por la situación de las notas en el pentagrama.

Bajo: Voz masculina más grave. En la ópera, suele interpretar papeles secundarios.

Barítono: Voz media masculina. Interpreta papeles secundarios en el reparto de una ópera.

Bipartita: Forma musical que se compone de dos partes, que se van alternando.

Bordón: Acompañamiento sencillo que se forma con la primera y la quinta nota de una escala.

Canción: Antigua forma musical, practicada por distintas culturas en diferentes épocas. Se compone, generalmente, de dos partes que se van alternando: la estrofa (que varía) y el estribillo (que permanece constante).

Compás: Los pulsos se agrupan formando compases. El compás puede ser: binario (grupo de 2 pulsos), ternario (grupo de 3 pulsos) o cuaternario (grupo de 4 pulsos).

Compositor: Creador de una obra musical que queda impresa en una partitura.

Concertino: Supervisa la afinación de los instrumentos. Es la autoridad en ausencia del director de orquesta. También se le llama primer violinista.

Contralto: Voz grave femenina. Normalmente, interpreta papeles secundarios en el reparto de una ópera.

Director: Conduce la interpretación de una obra musical mediante gestos. Se sitúa en el centro de la orquesta.

Duración: Cualidad que nos indica si un sonido es largo o si es corto. Se representa en la partitura con las figuras y los silencios.

Entonar: Cantar un sonido de forma precisa, con la altura y el tono adecuados.

Estribillo: Parte de la canción que se repite.

Figuras: La duración de un sonido se representa en el pentagrama con figuras. Cada figura tiene su correspondiente silencio.

Instrumentos de percusión: pueden ser de altura indefinida (no producen notas) o de altura definida (producen notas).

Intensidad: Cualidad que nos indica si un sonido es fuerte o si es suave. Entre ambos extremos se encuentran los matices [pianissimo (***pp***), piano (***p***), mezzoforte (***mf***), forte (***f***) y fortissimo (***ff***), y los reguladores (crescendo o diminuendo)].

Intérpretes: Los músicos que ejecutan una obra musical. En la orquesta, se unen al concertino para interpretar la obra.

Intervalo: Distancia entre dos notas, ambas incluidas.

Libreto: Texto literario de una ópera. El compositor crea la música para la parte literaria de la ópera.

Ligadura: Signo de prolongación. Es una línea curva que une dos notas del mismo nombre y altura de sonido. Permite que una nota alargue su duración.

Melodía: Combinación de sonidos de diferente altura y con sentido musical completo.

Mezzosoprano: Voz media femenina. Interpreta, generalmente, papeles secundarios en el reparto de una ópera.

Música: Arte de combinar las posibilidades que ofrecen el sonido, el silencio y la creatividad del artista.

Ópera: Obra escénica musical en la que confluyen la música, la literatura, el teatro y, en ocasiones, la danza.

Orquesta sinfónica: Agrupación instrumental de gran tamaño, formada por instrumentos de las tres familias: viento, cuerda y percusión.

Ostinato: Repetición constante de una misma parte del tema musical. El ostinato rítmico es la repetición de una parte rítmica; el melódico es la repetición de una parte melódica.

Partitura: Papel donde está escrita la obra musical.

Pulso: Latido de la música. Sobre él se genera el ritmo, que es la frecuencia con la que se combinan y se repiten los sonidos representados por las figuras musicales.

Puntillo: Signo de prolongación. Es un punto que se coloca a la derecha de una figura musical (o de un silencio); le añade a la correspondiente figura la mitad de su valor.

Rondó: forma musical que alterna una parte que se repite con otras que varían.

Silencio: Intervalo de tiempo en el que se deja de tocar o de cantar. Su duración es equivalente al valor de su figura.

Soprano: Voz aguda femenina. Representa a la heroína y suele ser la protagonista de la ópera.

Tenor: Voz aguda masculina. Representa al héroe y, generalmente, es el protagonista de la ópera.

Timbre: Cualidad que nos permite identificar, con la escucha atenta, de qué cuerpo procede el sonido. Por el timbre podemos saber si un sonido es instrumental o si es vocal, según sus características propias. El compositor, al crear la obra, indica en ella para qué timbre está componiendo.

Villancico: Canción popular, cuyo tema refleja la alegría por el nacimiento del Niño Dios. Se suele acompañar con instrumentos caseros y de pequeña percusión.

Índice de audiciones

Todos los temas son originales de los autores de la presente obra: Teresa Aguado, Alfonso Cifuentes, Eva F. Gancedo y Rafael Rivas; excepto los temas 3, 5, 6, 9, 13, 15, 16, 17, 20 y 21, que son populares. Las letras de los temas 6, 9, 13 y 17 han sido adaptadas y traducidas al castellano por Eva F. Gancedo.

Los temas populares 3, 6, 9, 13, 17 y 20, y el tema 11, han sido adaptados por Eva F. Gancedo, Eliseo Parra y Freddy Marugán; e interpretados por Eliseo Parra (voz y percusión), Freddy Marugán (guitarras, mandolina, banjo, bouzuki, tres, armónica), Jorge Arribas (acordeón), Roberto Bazán (trombón), Luis Lozano (bajo), Luis García (violín) y Patxi Pascual (flautas: quena, nay, travesera, whistle). Los temas populares 5 y 20 han sido adaptados por Eva F. Gancedo, Eliseo Parra y La Musgaña e interpretados por La Musgaña y Eliseo Parra. Todos estos temas han sido grabados y mezclados por Luis Lozano (Estudio La Colmena).

El grupo folk La Musgaña ha interpretado y arreglado los temas 2 y 16 que han sido grabados por Miguel Á. Collado.

La flauta dulce, en los temas 2, 4, 8, 15 y 19, ha sido interpretada por Teresa Aguado y Rafael Rivas.

Los temas 12 y 14 han sido arreglados, programados y grabados por Miguel Á. Collado y David Pérez Huertas; los temas 4, 8 y 19 por Jacobo Calderón; y los temas 1, 7, 10 y 18 por Paco Gómez.

El tema 16 está editado bajo licencia **FONOMUSIC**/Joaquín Díaz e interpretado por Joaquín Díaz.

Los temas han sido cantados por Celia Vergara y Eliseo Parra, excepto el 3 que ha sido interpretado por Jimena Zallas, el 18 Guillermo «Willy» López Pascual, y el 13 y el 21 por Freddy Marugán (a dúo).

Producción: Eva Gancedo.

Edición: Cristina Fernández.

Masterización: Estudio La Colmena (Luis Lozano).